国家级高技能人才培训基地活页式工作手册教材

跨境电商实务

主　编◎黄　杰　徐　琛　郭　瑜

副主编◎张云帆　赵　曾　李　炬　程旭东　卿　华

编　委◎张晓雪　马　瑜　胡怡然　任　鹏　陈泯月

刘　成　王　璐

西南交通大学出版社

·成　都·

图书在版编目（CIP）数据

跨境电商实务 / 黄杰，徐琛，郭瑜主编. —成都：西南交通大学出版社，2021.12
ISBN 978-7-5643-8532-3

Ⅰ. ①跨… Ⅱ. ①黄… ②徐… ③郭… Ⅲ. ①电子商务－商业经营－高等职业教育－教材 Ⅳ. ①F713.365.2

中国版本图书馆 CIP 数据核字（2021）第 270955 号

Kuajing Dianshang Shiwu
跨境电商实务

主 编 黄 杰 徐 琛 郭 瑜

责任编辑 / 秦 薇
封面设计 / 原谋书装

西南交通大学出版社出版发行
（四川省成都市金牛区二环路北一段 111 号西南交通大学创新大厦 21 楼 610031）
发行部电话：028-87600564 028-87600533
网址：http：//www.xnjdcbs.com
印刷：四川玖艺呈现印刷有限公司

成品尺寸 185 mm × 260 mm
印张 11.5 字数 266 千
版次 2021 年 12 月第 1 版 印次 2021 年 12 月第 1 次

书号 ISBN 978-7-5643-8532-3
定价 35.00 元

课件咨询电话：028-81435775

前言

PREFACE

本次活页式工作手册教材开发，是成都市技师学院（成都工贸职业技术学院）国家级高技能人才培训基地建设的重要内容，是校企合作、双元开发高职教材共建的主要成果之一。本次教材编写，是将电商和跨境电商企业工作人员在真实运营环境中的一些实战技能和实战经验加以总结，同时借鉴许多企业已经成熟的工作流程，希望以此帮助电商和跨境电商相关专业学生在进入企业前掌握其基础技能，熟悉基本工作内容，也可为其他在职人员提高技能提供参考。编写组希望以此抛砖引玉，让电子商务（电商）职业技能教育能沿着学中做、做中学的途径，及时把握企业技能人才需求的方向，及时将企业先进的技能更好地引向课堂，让学校真正成为企业所需技能型人才的储备营，成为培养大量适应企业发展要求的技能人才高地。这次高技能人才培训基地在电商和跨境电商人才培养方面进行的有意义的探索，显示了学校坚定地走校企合作培养人才之路的决心，显示了专业老师在对接电商和跨境电商企业需求方面做出的真诚努力，并已收获可喜成果。

本次教材的编写，首先感谢学校领导的大力支持和精心指导；在编写教材时还得到了四川省技能鉴定指导中心领导和老师的专业指导，得到了行业协会和合作企业的鼎力支持，在此一并表示感谢。

其次，感谢为教材编写提供支持的各位企业界的朋友，他们的无私帮助才使高技能基地的教材融入了更多实战的元素和可复制的操作。

再次，特别感谢我校此次参与编写的老师们，他们花费了大量的心力和精力，热情投入，才使我们在短短半年的时间里完成了教材的编写。虽说教材中还有诸多不足之处有待改进，但这种主动与企业行业对接、探索培养适合企业需求人才路径的踏实作风，却成为我们今后工作的宝贵经验。我们将主动学习技能人才培训企业的新知识、新技能，及时将之融入电商和跨境电商人才培养培训的实践中。

最后，特别感谢为成都市技师学院高技能人才培训基地建设提供指导和资金支持的四川省级、成都市级机关及领导，感谢西南交通大学出版社为这次教材出版提供的专业指导和大力支持。

在此，恳请各位领导、各位专家和各位同仁们能及时指出书中的错误和不足，我们将不胜感激，并会及时改正，在电商和跨境电商人才培训方面紧跟职教滚滚大潮，破浪前行！

成都市技师学院（成都工贸职业技术学院）教材编写组

2021 年 10 月

目录
CONTENTS

项目 1　跨境电商的认知

任务 1-1　认识跨境电商

任务目标

知识目标：

了解跨境电商的定义与发展历史；

理解传统外贸与跨境电商的区别。

技能目标：

掌握跨境电商的含义及其特点；

能描述跨境电商的基本业务流程。

工作任务

描述跨境电商与传统外贸的不同之处和各主要平台的特点。

相关知识

一、概　述

（一）什么是跨境电商

跨境电商是指分属不同国境的交易主体，通过电子商务平台达成交易，进行支付结算，并通过跨境物流送达商品、完成交易的电子商务平台和在线交易平台。跨境电商分为进口和出口两种贸易类型，进口跨境电商平台的主要代表有天猫国际、网易考拉海购、苏宁云商海外购等；出口跨境电商平台主要是：亚马逊、阿里巴巴国际站、速卖通、eBay、Wish 等。当前我们主要讨论的跨境电商是指出口跨境电商。

（二）跨境电商的发展历史

1．跨境电商雏形阶段——线上信息展示（1999—2003 年）

动画 什么是跨境电商 1-1

1999 年阿里巴巴成立，拉开了中国跨境电商发展的序幕。最初，阿里巴巴中国供应商只是互联网上的黄页，将中国企业的产品信息向全球客户展示，定位于 B2B 大宗贸易。买方通过阿里巴巴平台了解到卖方的产品信息，然后双方通过线下洽谈成交，所以当时的大部分交易是在线下完成的，属于传统对外贸易和线上相结合。这个阶段，少数国人开始在 eBay 和 Amazon 等国外平台尝试跨境电商，但并没有形成规模。

此阶段的主要商业模式是网上展示和线下交易的外贸信息服务。主要的功能是为企业信息以及产品提供网络展示平台，并不在网络上涉及任何交易环节，还不能称之为跨境电商。

2. 跨境电商初步阶段——B2B（2004—2012 年）

2004 年，跨境电商初步形成。这个阶段，跨境电商平台开始摆脱纯信息黄页的展示行为，将线下交易、支付、物流等流程实现电子化，逐步实现在线交易。相比较第一阶段，这个阶段更能体现电子商务的本质，借助于电子商务平台，通过服务、资源整合有效打通上下游供应链，包括 B2B（平台对企业小额交易）平台模式以及 B2C（平台对用户）平台模式两种。这个阶段，B2B 平台模式为跨境电商主流模式，通过直接对接中小企业商户实现产业链的进一步缩短，提升商品销售利润空间。

B2B（Business to Business 的缩写，也有写成 BTB）是指企业与企业之间通过专用网络或 Internet，进行数据信息的交换、传递，开展交易活动的商业模式。它将企业内部网和企业的产品及服务，通过 B2B 网站或移动客户端与客户紧密结合起来，通过网络的快速反应，为客户提供更好的服务，从而促进企业的业务发展。

3. 跨境电商成熟阶段——B2C（2013 年至今）

2013 年成为跨境电商的重要转型年，跨境电商全产业链都出现了商业模式的变化。随着跨境电商的转型，跨境电商 3.0“大时代”随之到来。加之 2015 年“互联网+”时代的来临，跨境电商已经站到了资本市场的风口上。中国政府在 2015 年出台文件支持跨境电商，在全国设立跨境电子商务试验区，也在全国设立自由贸易试验区，积极地探索跨境电商的管理制度，各地也出现跨境电商保税区，这些都是政策利好的消息。近年来，随着国际贸易条件的恶化，以及欧洲、日本的需求持续疲弱，中国出口贸易增速出现了下台阶式的减缓，而以跨境电商为代表的新型贸易近年来的发展脚步正在逐渐加快，并有望成为中国贸易乃至整个经济的全新增长引擎。政府极力鼓励中国企业走出去，中国产品借助跨境电商平台出海实现经济增长，这些都对中国经济发展有着巨大的影响力，无论政府还是企业都是受惠者。

B2C（Business to Consumer）是指电子商务的一种模式，是商户对客户的电子商务模式，也是直接面向消费者销售产品和服务商业的零售模式，以网络零售业为主，企业主要有阿里巴巴等。

二、跨境电商与传统外贸

传统外贸，是指一个国家（地区）与另一个国家（地区）之间的商品和劳务的交换。这种贸易由进口和出口两个部分组成。对运进商品或劳务的国家（地区）来说，就是进口；对运出商品或劳务的国家（地区）来说，就是出口。流程如下：

本国生产商—本国贸易商—外国贸易商—外国分销商—外国零售或者市场—终端消费者；跨境电商流程：跨境电商的交易链条只有三环，即国内生产商—国内贸易商—终端消费者。

跨境电商与传统外贸的主要区别如下：

1．交易链条长短不同

交易链条是指从商品生产到商品最终被消费中途所经转的环节，传统外贸交易链条十分长，基本上由五环构成，国内生产商、国内贸易商、国外分销商、国外零售商、终端消费者。

在跨境电商的交易流程当中，国内贸易商即跨境电商平台卖家，从国内生产商手中批发产品，然后在平台上零售，直接将货物出售给终端消费者。

交易链条短有多重优势，其中最重要的优势反映在利润方面。跨境电商直接面对终端消费者，拿到了交易环节当中利润最丰厚的零售环节，避免了国外分销商的盘剥；而传统贸易各环节手续多，流程复杂，跨境电商则比较简化。

2．资金流转周期不同

跨境电商的回款周期远远快于传统外贸。传统外贸多属于批量采购，接单生产，除少数高附加值产品以外，大多数通过海陆船运，运输周期长，回款周期也随之拉长。而跨境电商属于零售模式，卖家小批量购入再进行售卖，同时顾客先付款购买，所以整个行业的资金门槛较低；卖家空运发货，运输时效多在两周之内，回款速度快，资金周转效率更高，而回款周期快可实现低成本高效运转。所以跨境电商的核心之一就在于库存资金周转，有针对性地选品并严格地把控库存，有望实现低成本高效运转。

3．竞争激烈程度不同

目前跨境电商平台如亚马逊、eBay、Wish 等的竞争激烈程度远远低于国内淘宝、天猫、京东等电商平台，市场尚未达到饱和程度，许多门类的产品仍存在非常广阔的市场前景，家具家电、汽摩配件、户外运动、美妆个护等多个大类、几百个小类都属于尚未完全开发的市场，这些都是跨境电商反映在市场竞争方面的特征。

任务实施

活动 1：分组讨论对跨境电商的理解。
活动 2：编写跨境电商概述 PPT 并进行 PPT 讲解。

【学习笔记】

任务 1-2　认识跨境电商的不同类型

任务目标

知识目标：

了解跨境电商 B2B 模式及特点；

了解跨境电商 B2C 模式及特点；

了解自建站的模式及特点。

技能目标：

能结合跨境电商行业和主流企业，理解跨境电商 B2B 模式和 B2C 模式；

能很好地区分 B2B 模式和 B2C 模式。

工作任务

描述跨境电商的三种模式特点。

相关知识

一、跨境电商 B2B 模式

B2B，business to business，企业对企业，又称为在线批发，是外贸企业之间通过互联网进行产品、服务以及信息交换的一种商业模式。在 B2B 模式下，企业应用电子商务，以广告和信息发布、成交为主，通关流程基本上在线下完成。B2B 可以理解为线上的批发，而批发的目标人群是国外企业和国外的品牌方，如某服装品牌采购 OEM、ODM 等，一般走柜，阿里做询盘，目前也逐步出现了 B2B 的小额批发。

全球有许多 B2B 电商平台，目前比较受欢迎的有：

1．阿里巴巴

阿里巴巴是全球最大的 B2B 交易平台，销售来自 40 多个不同品类、分类的约 1 亿件产品。阿里巴巴集团经营多项业务，另外也从关联公司的业务和服务中取得经营商业生态系统上的支援。和关联公司的业务包括：淘宝网、天猫、聚划算、全球速卖通、阿里巴巴国际交易市场、1688、阿里云、蚂蚁金服、菜鸟网络等。

2．环球资源（Global Sources）

其总部位于中国，有来自全球 140 万的卖家。环球资源是一家扎根我国香港地区，面向全球的专业展览主办机构。其旗下直隶的环球资源网站是深度行业化的专业 B2B 外贸平台，更是中国商务部主办的国际商报多次发文点名认可的全球高端买家的首选采购平台、主流平台。

3．中国制造网（Made-in-China）

这是另一个总部位于中国的大型 B2B 交易平台，它供应了超过 3 500 种产品。中国制造网是一个中国产品信息荟萃的网上世界，面向国内外采购商提供丰富产品的电子商务服务，旨在利用互联网将中国供应商的产品介绍给国内外采购商。

4．敦煌网（DHgate）

这是中国的另一个 B2B 交易平台，同时也会直销产品给全球消费者。敦煌网是国内首个为中小企业提供 B2B 网上交易的网站，它采取佣金制，只在买卖双方交易成功后收取费用。但 2019 年 2 月 20 日起新卖家注册开始收取费用。据 Paypal 交易平台数据显示，敦煌网是在线外贸交易额中亚太排名第一、全球排名第六的电子商务网站，其在 2011 年的交易额达到 100 亿规模。

5．Amazon Business

这是亚马逊的 B2B 业务，它是面向企业客户的商城，主要是销售工厂、医院、学校和办公室需要的各类物品。

二、跨境电商 B2C 模式

动画 跨境电商 B2C 模式 1-2

跨境电商 B2C 是跨境电商企业针对个人消费者开展的网上零售活动的一种商业模式。B2C 模式下，我国企业直接面对国外消费者，以销售个人消费品为主，物流方面主要采用航空小包、邮寄、快递等方式，其报关主体是邮政或快递公司，目前大多未纳入海关登记。根据平台运营方式，可分为开放平台与自营平台。

1．开放平台

模式介绍：开放平台开放的内容涉及出口电商的各个环节，除了开放买家和卖家数据外，还包括开放商品、店铺、交易、物流、评价、仓储、营销推广等各环节和流程的业务，实现应用和平台系统化对接，并围绕平台建立自身开发者生态系统。开放平台更多的是作为管理运营平台商存在，通过整合平台服务资源同时共享数据，为买卖双方服务。代表企业：亚马逊、全球速卖通、eBay、Wish 等。

2．自营平台

模式介绍：平台对其经营的产品进行统一生产或采购、产品展示、在线交易，并通过物流配送将产品投放到最终消费者群体。自营平台通过量身定做符合自我品牌诉求和消费者需要的采购标准，来引入、管理和销售各类品牌的商品，以可靠品牌为支撑点突显出自身品牌的可靠性。自营平台在商品的引入、分类、展示、交易、物流配送、售后保障等整个交易流程各个重点环节管理均发力布局，通过互联网 IT 系统管理、建设大型仓储物流体系实现对全交易流程的实时管理。代表企业：兰亭集势、环球易购、米兰网、DX 等。

三、B2B 与 B2C 的区别

B2B 模式是将企业的内部网络通过 B2B 跨境电商平台与客户紧密地联系起来，通过互联网快速响应的优势为顾客提供更加快速、更加方便、更加准确的服务，这样可以非常有效地促进企业的快速发展，而近年来 B2B 模式的发展也逐渐成熟。B2B 跨境电商平台的典型代表就是环球华品和阿里巴巴，阿里巴巴也是全球最大的 B2B 跨境电商平台。B2C 是直接面向消费者进行商业活动的模式，也就是我们常说的零售，这种模式主要借助互联网进行在线销售活动。举个例子，天猫、京东等平台大家一定非常熟悉，而 B2C 就是消费者可以直接在网上进行购物、支付的网上商店。

对于新手卖家而言，B2C 模式能更加方便地得到客户的反馈，从而可以使企业借助这些数据进行新产品的研发与改进，并且还能通过数据找到效率最高的营销方式。所以 B2C 模式比较适合相关商业嗅觉不敏感的卖家。B2B 模式下企业面对的客户不属于终端客户，所以相对可能会让人感到轻松一些，在销售成本的投入上也比较少，能帮助企业快速扩大客户群，不过这种模式的竞争非常强烈，比较适合有一定商业基础的卖家。

总的来说，目前大数据时代下的跨境电子商务模式已经几乎完全替代了传统模式，我们可以根据自身企业的不同情况来选择符合自身条件的 B2B 跨境电商平台或者是 B2C 跨境电商平台，而待时机成熟之后，我们也可以将 B2B 和 B2C 兼营，这样将会使企业的发展更加迅速。

任务实施

活动 1：分组讨论跨境电商几种不同模式的区别。

活动 2：收集相关资料编写跨境电商模式 PPT。

【学习笔记】

项目 2 跨境电商行业与市场分析

任务 2-1 跨境电商市场调研

任务目标

知识目标：

1. 了解跨境电商数据采集的主要渠道；
2. 了解跨境电商行业数据分析的主要方法。

技能目标：

1. 能够在主流跨境电商平台上通过数据采集工具获取相应行业数据；
2. 能够运用跨境电商平台行业相关数据分析方法，进行相关数据分析。

工作任务

采集跨境店铺行业数据；

分析跨境电商行业规模。

相关知识

一、数据分析的价值和意义

在速卖通平台上的商家有不同的定位和适合的客户群体，数据分析可以为各种类型的卖家提供来自行业对比、选品开发、店铺监控、商品分析、打造爆款等不同的内容。做数据分析，就是试图通过一些表象，找到适合的操作方法。

数据采集的渠道：内部数据渠道和外部数据渠道。

内部数据渠道主要是自己公司或者平台、店铺运营积累的数据，速卖通卖家后台可以给到卖家多维度的数据，既包括销量等商品维度数据，同时也有访问率等用户维度数据，后台数据也提供下载供卖家进行系统的数据分析。

外部渠道主要是指非卖家自身积累的数据，可以分为以下几类。

（一）各跨境平台的官方平台

就是官方平台公布或者公开的数据，例如速卖通会不定时地发布各行业类目的经营数据。官方数据的缺点就是维度较少，而优点就是准确性高且大多情况下免费，同时没法直接下载或获取原数据做直接处理和分析。

（二）第三方平台

目前有很多专业的数据服务企业，可以通过有偿或者无偿的方式将数据共享给数据需求者。第三方平台数据缺点就是维度单一且有一定获取成本（搜索成本和订阅费用等），且通常不是选品或者运营的直接相关数据，仅提供参考；优点就是数据准确性相对较高。

（三）网络数据采集

利用网络爬虫或者数据埋点等进行数据采集，比如八爪鱼。爬虫的缺点是技术要求高，随着技术的不断优化，各平台网站反爬虫机制也逐步完善，爬虫难度也越来越大；而爬虫的优点则是可以按照需求爬取相应数据，同时可以直接对数据进行加工和处理。

（四）市场调研

市场调研是指通过发放调查问卷等方式获取市场信息的方式，既可以自己来做调研，也可以委托第三方公司进行，比如 Survey Monkey 或 Qualtrics 等平台。市场调研的缺点是成本较大，且时效性有限，比如受今年疫情影响，去年调查的亚马逊用户行为数据只能当作今年的参考，而无法照搬；市场调研的优点是可以获取较为真实的用户数据，同时可以直接对数据进行加工和分析。

从外部渠道这些来自非卖家自身积累的数据，我们可以怎么来用呢？

首先，对选品进行数据分析。通过对速卖通店铺后台数据进行分析，观察行业类目的供需和流量占比高低情况，得出相对于哪个一级行业市场的天花板、收益情况、竞争强弱等。

其次，对速卖通店铺进行数据分析，可以为店铺运营者提供最精准决策的参考依据。通过对店铺搜索点击率、转化率和收藏量等数据进行分析，可以得出当前的运营决策是否合理；如果不合理，就需要及时调整优化运营策略，才能提高自己店铺产品曝光量。

毫无疑问，在当今的大数据时代，数据的背后，不仅是对一个行业精细化的挖掘，同时，对于速卖通卖家来说也是把控店铺整体走势的一个重要指标。自身积累的真实可靠的数据永远是商家经营的有利因素，能够将数据分析运用到极致的速卖通商家，店铺运营一定可以做得更好。

二、行业数据概述

（一）UV（Unique Vistor）

即网站独立访客，从这个数据中可以得知客户来源是来自 PC 端还是移动端还有访问地以及访问时间。

独立访客一般是指独立 IP 访客（Unique Visitor），通常用两个数值标准来统计访问某网站的访客，即用“访问次数”和“独立访客（问）数”来统计。访问次数和独立访客数是两个不同的概念，访问次数就相当于一个展览会的访问人次，某个参观者出入展馆 10 次，这 10 次都被记入访问次数中，相当于网络中的 PV 值。独立访客数则相当于带身份证参观展览会的访问人数，每一个出示身份证参观展览的人，无论出入几次，都只计做一次独立访问。这里所说的“身份证”，在网络上就是访客的 IP 地址或 Cookie。

网站独立访客的数据来自技术依据。网站统计工具对于网站独立访客数的计算，主要是依据浏览器的“Cookie”来判定的。在浏览器 Cookie 数据不清除的情况下，即使用多个 IP 切换来登录一个网站，也会只记为一个访客数。

网站独立访客的数据通常受以下因素影响。

首先，独立访客很接近但并不完全就是真实独立的人。其次，独立访客这个指标会受浏览器设置的影响，如那些将浏览器设置成禁用 Cookie 或是禁用第三方 Cookie 的情况。大多数的网站分析工具都使用第一方 Cookie 来尽量降低 Cookie 被禁用的情况（被禁用百分比大概在 2%～5% 之间）。第三方 Cookie 被禁用的比率相对而言就要高很多（大概在 10%～30% 之间）。

其次是网站上的计算规则。记录独立访客数的时间标准一般可为一天、一个月。按照国际惯例，独立访客数记录标准一般为“一天”，即一天内如果某访客从同一个 IP 地址来访问某网站 n 次的话，访问次数计作 n，独立访客数则计作 1。一般不计算年 UV 数。

（二）PV

PV 是 Page View 的缩写，即页面浏览量，通常是衡量一个网络新闻频道或网站的主要指标。页面浏览量是评价网站流量最常用的指标之一，简称为 PV。监测网站 PV 的变化趋势和分析其变化原因是很多网站长期、定期要做的工作。Page Views 中的 Page 一般是指普通的 HTML 网页，也包含 PHP、JSP 等动态产生的 HTML 内容。来自浏览器的一次网页内容请求会被看作一个页面浏览量，逐渐累积成为 PV 总数。从这个数据中可以推测成交率以及预测买家爆款等。

（三）成交转化率

转化率是指某一观察事物转化的百分率或分率，转化物是针对观察事物而言的。如果观察事物不止一种，根据不同观察事物计算所得的转化率数值会有所不同，但它们反映的都是同一客观事实，因此按其中一种观察事物来计算转化率都是可以的。成交转化率指标主要用于在不同地方测试观察事物，如新闻订阅、下载链接或注册会员时，可以使用不同链接的名称、订阅的方式、广告的放置、付费搜索链接、付费广告（PPC）等，来观察哪种方式能够保持转换率上升。如果转换率上升，说明相关性增强，反之，则减弱。从这个数据中可以推测店铺的健康指数。

转化可以从潜在客户的一定表现中来判断其是否可以转化为客户。潜在客户的这些表现有：① 在网站上停留了一定的时间；② 浏览了网站上的特定页面，如注册页面、“联系我们”页面等；③ 在网站上注册或提交了订单；④ 通过网站留言或网站在线即时通信工具进行了咨询；⑤ 通过电话进行咨询；⑥ 上门访问、咨询、洽谈；⑦ 实际付款、成交（特别是对于电子商务类网站而言）。有这些表现的就是我们的潜在客户。

关于转化次数（Conversions），人们也需要了解。顾名思义，转化次数也叫作转化页面到达次数，指独立访客达到转化目标页面的次数。转化次数可以量化为转化率。转化率是网站最终能否盈利的核心，提升网站转化率是网站综合运营实力的结果。

转化率（Conversion Rate）指在一个统计周期内，完成转化行为的次数占推广信息总点击次数的比率。计算公式为：

转化率 =（转化次数/点击量）× 100%。

例如：有 100 名用户看到某个搜索推广的结果，其中 50 名用户点击了某一推广结果并被跳转到目标 URL 上，之后，其中 10 名用户有了后续转化的行为。那么，这条推广结果的转化率就是（10/50）× 100%=20%。按电商行业转化率算法，相关转化率、利润的关系可用如下公式来表达：

利润 = 销售额 × 净利润率 =（购买人数 × 客单价）× 净利润率
= 进店人数 × 购买转化率 × 客单价 × 净利润率
= 广告展现 × 广告转化率 × 购买转化率 × 客单价 × 净利润率
= 推广展现 × 推广转化率 × 购买转化率 × 客单价 × 净利润率
= 搜索展现 × 搜索转化率 × 购买转化率 × 客单价 × 净利润率
= ***** × *****转化率 × 购买转化率 × 客单价 × 净利润率

电商追求的重点是“转化率”，在各个环节转化率都高，才形成真正的转化率。

（四）单品转化率

访问某个单品的成交客户数和总访问此单品客户数的比值。按上面的成交转化率的方法去考察某一个单品时，就可以计算出单品转化率。

（五）PV 点击率

是点击率和曝光率的一个比值，这个数值越高，转化率就越高。

三、平台数据采集

我们通过搜索结果的数量的多少可以评估该行业或者产品的竞争热度，如果一个产品搜索结果数量太多，说明该产品的竞争必然激烈；反之，如果搜索结果数量少，说明竞争不太激烈。但如果搜索结果数量太少，则极有可能表明该产品目前没有太大的市场，未来的市场需要预判。

平台数据采集的方法之一，是通过搜索结果前 10 页的 Review 总数量来判定该产品的市场容量大小，一般而言，在速卖通平台上有销售焦点的产品，基本上都会集中在搜索结果的前 10 页，而 10 页之后，要么是销量微乎其微，要么是压根没有展示和销售。大家喜欢用的百度搜索，也要求商户把前面 10 页的内容做好。所以，运营人员可以通过前 10 页总的 Review（访客留评）数量来评估该类产品的市场容量，Review 数量多，意味着产品市场容量大，而 Review 数量很少，也就意味着市场容量偏小。

平台数据采集的方法之二是通过 Review 的平均星级来评估产品的质量。有时候我们会观察到某个产品，大部分卖家的平均 Review 星级都接近于 4.5 左右，这也从一定程度上反映出该产品品质比较稳定可靠，能够满足大部分消费者的心理预期。此类产品，一般在产品品质方面不会出大问题；而同时，我们也可能偶尔会遇到某个产品，几乎所有的卖家 Review 都是在 3 星左右，这就说明产品品质不行，几乎对于所有卖家，都有无法克服的品质缺陷，此类产品，运营中就当慎重为之。

平台数据采集的方法之三是在对已选定产品的搜索结果中去统计。在通过对已选定产品的搜索结果统计中，运营人员还应该关注到同行的价格区间，通过对众多卖家的低价、高价和均价进行核算评估，来预测自己在运营中的优势，是否会亏损，能否有利润，利润空间是否支撑得起放一些站内广告引流，是否有的需要采取更经济的发货渠道、降低广告投入等来降低成本等，同行的价格影响着后期的运营策略，是运营人员不同忽视的一个方面。

最后，卖家平台数据采集的方法，还需要在搜索评估的过程中更深入地了解产品信息。在搜索评估的过程中更深入地了解产品信息，可以掌握产品的关键词，并用不同的关键词进行搜索比照，发掘整理出更多对自己运营有用的东西；同时要善于整理同行竞品的详情页信息、优质图片、标题等，同行对产品细节和卖点的强调都是值得我们思考的地方，努力把竞争对手当老师，从对手身上学习，只有这样对于行业的理解才能深刻和丰富，如此才能够为自己的运营奠定一个良好的基础。

任务实施

活动 1：运用数据采集工具收集跨境电商平台行业、类目、客单价、搜索量等数据。

活动 2：用分析收集的数据编写跨境电商行业分析报告。

【学习笔记】

任务 2-2　跨境电商平台趋势分析

任务目标

知识目标：

1. 了解访问数、浏览量、注册用户数、客单价等指标的含义；
2. 理解跨境电商行业趋势分析的价值和作用。

技能目标：

1. 能够通过常用的数据采集工具获取相应平台数据；
2. 能运用跨境电商平台行业趋势分析方法分析目标行业趋势。

工作任务

分析跨境电商平台数据。

相关知识

一、跨境电商平台重要数据指标

跨境电商平台的重要数据指标，是需要我们掌握的，这是成为一个行业人士的常识。这些数据指标我们在前面的学习中也有提及。这些数据在不同的行业和公司之间有可能在提法和内涵上略有不同，可以与前面相关转化率内容结合来学习。

（1）UV（访客数），指通过互联网访问、浏览这个页面的设备数。

（2）PV（访问量），相对 UV 来说，PV 指的访问量是每访问一个页面就增加一次，不会去重。

（3）新访客 UV，该设备今天第一个状态为第一次到访平台，则今天整天这个 UV 为新访客（新客）UV。

（4）未购老 UV（老客），该设备今天第一个状态为未下单状态但不是第一次到访平台，未购老 UV 区别于新访客 UV，就是未购的 UV 里面除了新访客 UV 的那部分。

（5）已购买 UV，该 UV 今天第一个状态为已下单状态。

（6）客户数，当天已下单已支付，且未取消订单的用户数。

（7）纯新客数，第一次购买的用户数，首单为剔掉优惠后实际支付金额>0 且首单收货人手机号码在历史新客首单收货人手机号码中没出现过。

（8）马甲新客数，第一次购买的用户数，首单为剔掉优惠后实际支付金额>0 且新客首单收货人手机号码在历史新客首单收货人手机号码出现过。

（9）老客数，如果不分析马甲新客就是除纯新客之外的客户，分析马甲新客就是除纯新客及马甲新客之外的客户。意思就是不是第一次购买的客户或者第一次购买但是剔掉优惠后实际支付金额=0 的客户。

（10）客户转化率，客户数/UV，前面已提到过。

（11）新客转化率，新客数/未购 UV，新客数/（新访客 UV+未购老 UV）。

（12）老客转化率，老客数/已购买 UV。多对比。

（13）销售额/GMV，这个指标各家可能口径不一，主要差异就在于，是否统计取消订单的部分，是否统计优惠金额等其他一些稍微细节一点的地方。

（14）新客销售额，新客产生的销售额。

（15）老客销售额，老客产生的销售额。

二、跨境电商平台趋势分析

跨境电商平台趋势总体来说是一个高速发展的态势。以速卖通为例，这个平台原就是阿里巴巴 B2B 业务中的一个小项目，因为洞察到外贸订单碎片化的趋势，经十余年的发展，已成为跨境电商国际大平台。

趋势 1：国家政策扶持加大。

针对跨境电商公司，政府会有相应的补贴，特别像深圳、浙江一带电商发展聚集地，优惠性政策非常多，各地的经济贸易委员会也出台各种扶持措施，鼓励电商良性发展。

有些电商卖家可能说这个跟我一点关系都没有，甚至中小企业压根也没有那回事，但实际上还是有间接性关系的，毕竟我们大部分都是在第三方平台经营，国家补贴可能直接补给一些大平台服务商，如海外仓补贴、搭建平台补贴。从另外一个角度分析，卖家可以找到更优质的海外仓服务商，从而提高店铺的本地化服务体验。

趋势 2：卖家品牌意识提升。

做跨境电商的都知道某大型跨境电商平台对品牌保护是最厉害的，所以很多卖家售卖产品的话，越来越多卖家都会去做自有品牌，这样你卖的产品才有品牌保护。

趋势 3：产品质量不断提高。

一开始的跨境电商，大部分卖家做的时候，都是属于纯粹卖货，产品质量粗糙，导致国外消费者对中国产品质量极其不认可。特别是速卖通 2015 年前的 5 年时间里，鱼龙混杂，质量参差不齐。现在卖家的产品质量意识不断提高，生产出优质的产品，未来平台的卖家，产品质量必须要过关，才能够在平台上发展越来越快。

“品牌实际上就是一个代表卖家的符号，这个符号代表了卖家的调性，代表了卖家的商品品质和服务水平。”

趋势 4：服务本地化要加强。

特别在最近 1 年多，很多电商公司转型做海外仓的非常多，就是因为他们看到了海外仓市场的需求，并且市场细分化明显，像有做土耳其、韩国、日本这些国家的海外仓。事实证明，海外仓趋势越来越明显，是提升本地化服务体验的最佳途径。

趋势 5：第三方服务在增多。

跨境电商是个大的生态圈，近 2 年出现特别多的第三方服务公司，比如专门做站外引流，专门做电商培训，专门做独立站建设，专门做商标注册，专门做知识产权咨询，等等，都是因为平台在不断发展，新兴平台在不断兴起，周边衍生出很多服务公司，在未来这种为电商服务的公司只会越来越多，而且会越来越细分化。

三、各平台对比分析

（一）亚马逊（AMAZON）

作为全球电子商务鼻祖，亚马逊对于整个世界的影响力是巨大的，中国外贸人选择跨境 B2C 平台首先认识的也是亚马逊，那时候也还没有速卖通等其他新兴平台。

亚马逊对于卖家的要求是比较高的，比如产品品质、品牌等方面的要求，手续也比速卖通等平台复杂。新人注册亚马逊账号以后，后期收款的银行账号需要是美国、英国等国家。对于成熟的亚马逊卖家，最好先注册一家美国公司或者找一家美国代理公司，然后申请联邦税号。

亚马逊主要市场在美国、英国、法国、德国、日本等国家，客户人群更加优质，消费能力比较强，利润也比较高，但是对于商家的服务能力要求也比较高，特别是海外仓要求。

（二）eBay

对于 eBay 的理解，基本上可以等同于国内的淘宝。淘宝就是在中国市场战胜 eBay 以后才真正统治中国的。对于从事国际零售的外贸人来说，eBay 的潜力还是巨大的，因为 eBay 的核心市场在美国和欧洲，是比较成熟的市场。相对于亚马逊，eBay 的开店手续也不是特别麻烦，但 eBay 有一个非常严重的问题：规则严重偏向买家，如果产品售后问题严重，很容易出现麻烦。做 eBay 最核心的问题应该是付款方式的选择。大家现在选择的一般都是 PayPal，但也有一定的风险，特别对于 eBay 来说。经常有这样的实际案例，遇到买卖争议时，eBay 最终是偏向买家，导致卖家损失惨重。

eBay 成功的关键是选品，其主要市场是美国和欧洲、澳洲，所以做 eBay 前最好做个市场调研。方法包括：进入 eBay 总体研究一下整个市场的行情，结合自己的供应链特点深入分析；对欧美市场的文化、人口、消费习惯、消费水平等进行研究，从而选择潜力产品；找一些 eBay 的热销产品，对其产品渠道、产品价格仔细研究，分析自己的优势；研究热销产品的市场优势和未来销售潜力；对产品在欧美市场的利润率和持续性做深入考虑。eBay 的配件类目前在平台中具备比较强的竞争力。国内做汽配零售的商家基本上都会在 eBay 上开店。

（三）Wish

这是一个这几年刚刚兴起的基于 App 的跨境平台，主要靠价廉物美吸引客户，在美国市场有非常高的人气，核心品类包括服装、珠宝、手机、礼品等，大部分都是从中国发货。Wish 的主要吸引力是价格特别便宜，但是因为 Wish 平台独特的推荐方式，产品品质往往还是比较好的，这也是它短短几年发展起来的核心因素。

Wish 平台 97% 的订单量来自移动端，App 日均下载量稳定在 10 万，峰值时冲到 20 万。就目前的移动互联网优势来看，Wish 未来的潜力是巨大的。

任务实施

活动 1：运用跨境电商平台数据采集工具采集平台相关数据。

活动 2：分析采集的平台数据加以分析并编写分析报告。

【学习笔记】

____

____

____

项目 3　跨境电商平台介绍

任务 3-1　认识跨境电商平台

任务目标

知识目标：

1. 了解速卖通平台的运营模式和特点；
2. 熟悉速卖通平台的入驻规则、商标要求、类目要求；
3. 熟悉速卖通的开店流程和开店方法。

技能目标：

1. 能在速卖通平台上成功注册账号；
2. 能在速卖通平台上成功创建卖家店铺。

工作任务

速卖通平台卖家店铺创建。

相关知识

一、详细认识跨境电商平台

从表 3-1-1 的平台对比分析中，我们可以看到目前主流的几大跨境平台的特点和优势。

表 3-1-1

各平台对比分析						
	Amazon	eBay	Wish	AliExpress	Shopify	阿里巴巴国际站
目标市场	北美、欧洲和日本为主的中端、中高端市场	美国、欧洲为主的中端市场	美国为主的中端、中低端市场	俄罗斯、巴西为主的中低端市场	主要市场面对的是东南亚地区和我国的台湾地区	面向全球，低端市场

续表

各平台对比分析						
	Amazon	eBay	Wish	AliExpress	Shopify	阿里巴巴国际站
平台费用	每个站点的收费标准不一样，比如北美站是$39.9/月，欧洲站是25英镑，注册店铺时只是收取租金和佣金的抽成，包括FBA费用等	免费开店，但上架需要收费，费用最为复杂	免费	免费，保证金模式	没有保证金也不需要租金，前三个月shopify对于店铺还有一定的补贴，不收取佣金费用，三个月之后平台会收取6%的订单佣金，这个佣金也是成交之后从营业额里面扣除了	2.98万/年（出口通）、金品诚企（费用更高）
佣金对比	15%	10%	15%	8%	6%	无佣金
经营模式	自营+第三方卖家+跟卖+FBA	平台型+拍卖	平台型+客户推送	平台型+中国卖家资源	平台型+中国卖家资源	平台型+中国卖家资源
库存成本	做FBA就必须要压货，故库存成本高 也可以自发货，但获取的资源没有FBA好	自发货为主，库存成本低	自发货为主，库存成本低	自发货为主，库存成本低	自发货为主，库存成本低	库存成本低，现金流压力大
出单周期	只要产品好，出单周期是非常快	要累积信誉才能正式卖产品	只要价格低，很容易出单	只要价格低，产品丰富，很容易出单	第一周基本都会出单，一月出个几十单还是没有什么问题的	一般需要先积累客户，前期以样单或者小单为主
适应卖家	以产品为主，适合有自己品牌和产品的工厂或者企业	以海量产品和多店铺为主的平台，比较适合贸易公司	主要靠爆款产生订单	以海量产品和多店铺为主的平台，比较适合贸易公司、自主创业、小额采购商，适合刚接触跨境电商的卖家	产品适合东南亚市场，利润率比较低	RTS适合贸易型卖家定制，适合OEM厂家或者有线下对外贸易的贸易公司

我们需要重点掌握和学习的是 AliExpress 平台。

二、速卖通平台概述

（一）中国最大的出口 B2C 电商平台

动画 速卖通平台介绍 3-1

速卖通在 2010 年 4 月成立至今已 10 余年，覆盖全球 220 个国家和地区，主要交易市场为俄罗斯、美国、西班牙、巴西、法国等国。速卖通目前支持世界 18 种语言，流量瞩目，海外成交买家数量突破 1.5 亿。速卖通平台产品涵盖 22 个行业，囊括日常消费类目，商品备受海外消费者欢迎。速卖通现在已经支持全球 51 个国家的当地支付方式。

（二）速卖通平台的特点、入驻规则及其他要求等

1．特　点

（1）店铺化。强调店铺的概念，突出店铺调性和风格化。

（2）品牌化。在速卖通开店，绝大部分都需要商标，一般是需要英文的 R 标或者 TM 标。

（3）类目化。速卖通对经营的品类，相较于其他平台有所限制，都有经营大类，和国内的淘宝、天猫类似，目的是凸显专业。

2．入驻规则

动画 速卖通入驻规则一 3-1

主体资质：个体工商户和企业身份都可以入驻速卖通。一个企业/个体工商户最多开通 6 个速卖通店铺，开店流程每次都一样。个体户/企业开通店铺在权益、平台服务费上均无差异。个人身份无法注册速卖通。

根据全球速卖通平台运营需求，平台对《速卖通商户服务协议》及入驻平台规则进行了修改：

全球速卖通平台已于 2021 年 12 月 15 日起关闭了个体工商户入驻平台入口，对于已入驻平台商家不会受到入口关闭的影响。

3．收费模式

收取保证金和交易佣金。

保证金：按店铺入驻经营大类收取，绝大部分类目是 10 000 元人民币。

交易佣金：交易完成后收取订单成交总金额（包含产品金额和运费）8% 或者 5% 的手续费。

4．商标要求

大部分类目需要英文 TM 标或者 R 标，具体类目要求不一样。

TM 标是拥有商标注册申请受理通知书，R 标是拥有商标注册证。

当商标报送国家商标局后会下发受理通知书，这时就可以使用 TM 标；但是要经过商标局的审查，拿到注册证书还需要一年左右的时间，只有拿到注册证书，该商标才算注册成功，才能使用 R 标。

速卖通平台要求的“商标”主要包括下面的内容：① 英文注册商标；② 注册地为中国或海外；③ 拥有商标注册证（简称 R 标）或商标注册申请受理通知书（简称 TM 标）；④ 2016 年 12 月 31 日前，仅拥有中文注册商标的产品仍可发布，但建议商家尽快注册对应的英文商标；⑤ 不支持添加纯图形商标；⑥ 注册的品牌不要涉及行业大词（例如运动行业商标中含有 Running、Run 等）、搜索热词（如箱包行业商标中

含有 Pack 等)、人名、地名或者已知品牌名称(类似于 Jimmy Chow、Nike 等)。商标可以是归自己所有的商标也可以是授权使用的商标。

5. 类目要求

入驻部分经营大类比如美容个护、3C 数码、手机等类目需提供单独资质，详见速卖通官网详细类目列表及详细讲解。

6. 开店流程

第一步：邮箱+手机+企业支付宝/企业法人个人支付宝注册开通账号。

第二步：申请经营大类(图 3-1-1[①])。

图 3-1-1　申请经营大类图

请根据选择的经营方向，申请经营大类权限。不同经营大类对应保证金不同。单店只能选择一个经营范围，第 9、10 经营范围下存在多个经营大类，可同时申请经营，但是单店平台只会收一笔保证金，就高收取。例如：A 选择第 10 经营范围，同时申请开通 3C 数码和手机类目。3C 数码对应保证金金额 1 万，手机类目对应保证金 3 万，平台只冻结 1 笔 3 万的保证金。

第三步：品牌申请(如果所属类目不需要品牌，则不需要这一步)。

品牌授权的流程：商标添加—商标资质申请。

可以在入驻开店时就申请完品牌的权限，也可以在开店后、经营过程中随时申请(推荐)，此动作非必须完成。

第四步：冻结保证金。

确定申请类目及保证金金额，点击绑定账号，页面会新弹出支付宝页面请商家登陆绑定。

① 书中所涉的一些网上截图，因规则及技术所限，无法提供清晰的原图，有些已做了部分处理。但为了不因此影响学生学习效果，故只能以示意图的方式放于书中，特此说明。

绑定完支付宝后请确认、勾选同意协议—点击“确认缴纳”按钮。
第五步：开通店铺，发布产品。

7．店铺类型：官方店、专卖店、专营店

（1）官方店（图 3-1-2）：

图 3-1-2　官方店

（2）专卖店（图 3-1-3）：

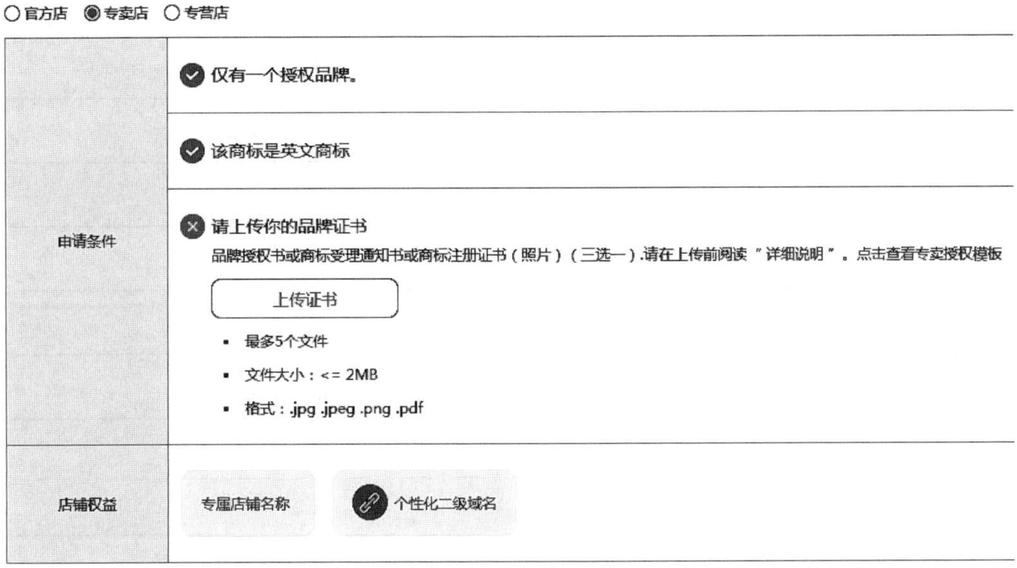

图 3-1-3　专卖店

（3）专营店（图 3-1-4）：

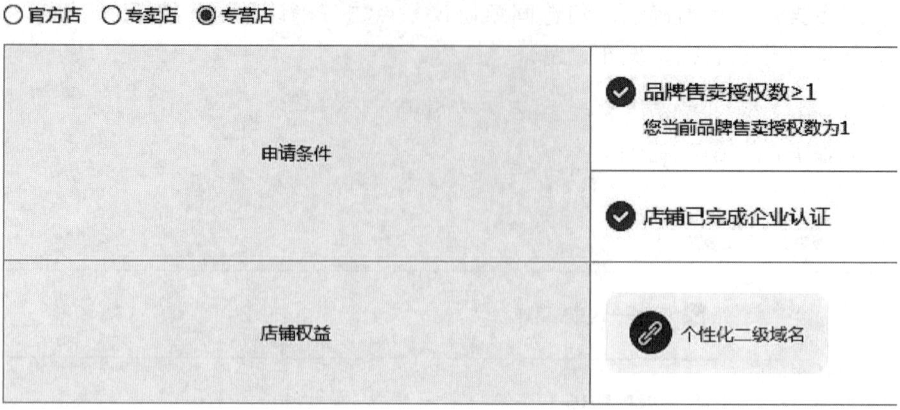

图 3-1-4　专营店

任务实施

如果在 AliExpress 上开通一个官方店店铺，找齐所有需要开店的相关模拟资料，以及计算出相应类目需要的启动资金（以思维导图的形式整理出开店需要哪些资质、材料、启动资金金额以及大致用途）。

动画 速卖通入驻规则二 3-1

【学习笔记】

任务 3-2　认识跨境电商速卖通平台规则

任务目标

知识目标：

1. 熟悉速卖通平台规则；
2. 理解注册规则、发布规则、交易规则、放款规则在平台的重要性。

技能目标：

1. 能掌握发布产品的规则，特别是知识产权规则；
2. 能掌握交易规则；
3. 能掌握速卖通平台各商品类目的审核要求。

工作任务

了解速卖通的开店和产品发布的相关规则。

相关知识

一、禁售、限售规则

速卖通的平台规则可以分为注册规则、发布规则、交易规则、放款规则、评价规则和售后规则。本任务单元主要了解平台的发布规则。平台给商家提供了免费发布产品的条件，但商家必须在遵守国家和地区相关法律法规的框架下，遵守平台发布规则，接受因违规情况及自身违规行为被平台加重处罚或减轻处罚的处理。

禁售产品：禁售产品是指因涉嫌违法、违背社会道德或违背平台发展原则等原因，而禁止发布和交易的产品。

限售产品：限售产品是指信息发布前需要取得商品销售的前置审批、凭证经营或授权经营等许可证明，否则不允许发布的产品。

恶意行为举例：包括但不限于采用对商品信息隐藏、遮挡、模糊处理等隐匿的手段，采用暗示性描述或故意通过模糊描述、错放类目等方式规避监控规则，同时发布大量违禁商品，重复上传违规信息，恶意测试规则等行为。对于恶意违规行为将视情节的严重性做加重处罚处置，如一般违规处罚翻倍，或达到严重违规程度，将关闭账号。

1．一般违规加重处罚

对于被认定为恶意行为的一般违规将做加重处罚处理（如发现同类重复违规行为，二次处罚分数加倍），见表 3-2-1。

表 3-2-1 一般违规处罚

处罚依据	行为类型	违规行为情节/频次	其他处罚
禁限售规则	发布禁限售商品	严重违规：48 分/次（关闭账户）	1. 退回/删除违规信息； 2. 若核查到订单中涉及禁限售商品，速卖通将关闭订单，如买家已付款，无论物流状况均全额退款给买家，卖家承担全部责任
		一般违规：0.5～6 分/次（1 天内累计不超过 12 分）	

2. 知识产权禁售违规

禁限售违规和知识产权一般侵权将累计积分，积分累积到一定分值，将执行账号处罚。表 3-2-2 为知识产权限售违规的积分处罚。

表 3-2-2 积分处罚

积分类型	扣分节点	处 罚
知识产权禁限售违规	2 分	严重警告
	6 分	限制商品操作 3 天
	12 分	冻结账号 7 天
	24 分	冻结账号 14 天
	36 分	冻结账号 30 天
	48 分	关闭

备注：

（1）一般违规：一天内（即首次违规处罚时间起 24 小时内）累计扣分不超过 12 分；

（2）严重违规，每次扣 48 分，关闭账号；

（3）全部在线商品及下架商品均在“平台抽样检查”范围之内，如有违规行为会按照相关规定处罚；

（4）以上商品列举并没有尽录全部不适宜在全球速卖通平台交易的商品，全球速卖通亦将不时予以调整；

（5）针对恶意规避等情节特别严重行为（包括但不限于采用对商品信息隐藏、遮挡、模糊处理等隐匿的手段规避平台管理，经平台合理判断账号使用人本人或其控制的其他账号已因严重违规事件被处罚，账号使用人本人或其控制的其他账号被国内外监管部门立案调查或虽未立案但平台有理由认为有重大嫌疑等严重影响平台管理秩序或造成一定负面影响的情况），平台保留直接扣除 48 分，关闭账号的权利。

二、知识产权规则

视频 速卖通商标管理之知识产权规则 3-2

全球速卖通平台严禁用户未经授权发布、销售涉嫌侵犯第三方知识产权的商品或发布涉嫌侵犯第三方知识产权的信息。

若卖家发布涉嫌侵犯第三方知识产权的信息，或销售涉嫌侵犯第三方知识产权的商品，则有可能被知识产权所有人或者买家投诉，平台也会随机对店铺信息、商品（包含下架商品）信息、产品组名进行抽查，若涉嫌侵权，则信息、商品会被退回或删除，根据侵权类型执行处罚。具体规则如表 3-2-3。

表 3-2-3　侵权类型处罚规则

侵权类型	定　义	处罚规则
商标侵权	严重违规：未经注册商标权人许可，在同一种商品上使用与其注册商标相同或相似的商标	三次违规者关闭账号
	一般违规：其他未经权利人许可使用他人商标的情况	1. 首次违规扣 0 分； 2. 其后每次重复违规扣 6 分； 3. 累计达 48 分者关闭账号
著作权侵权	未经权利人授权，擅自使用受版权保护的作品材料，如文本、照片、视频、音乐和软件，构成著作权侵权 实物层面侵权： 1. 盗版实体产品或其包装； 2. 实体产品或其包装非盗版，但包括未经授权的受版权保护的作品； 3. 信息层面信息：产品及其包装不侵权，但未经授权在店铺信息中使用图片、文字等受著作权保护的作品	1. 首次违规扣 0 分； 2. 其后每次重复违规扣 6 分； 3. 累计达 48 分者关闭账号
专利侵权	侵犯他人外观专利、实用新型专利、发明专利、外观设计（一般违规或严重违规的判定视个案而定）	1. 首次违规扣 0 分； 2. 其后每次重复违规扣 6 分； 3. 累计达 48 分者关闭账号（严重违规情况，三次违规者关闭账号）

注：

1. 速卖通会按照侵权商品投诉被受理时的状态，根据相关规定对相关卖家实施适用处罚；

2. 同一天内所有一般违规及著作权侵权投诉，包括所有投诉成立（商标权或专利权：被投诉方被同一知识产权投诉，在规定期限内未发起反通知，或虽发起反通知，但反通知不成立；著作权：被投诉方被同一著作权人投诉，在规定期限内未发起反通知，或虽发起反通知，但反通知不成立），及速卖通平台抽样检查，扣分累计不超过 6 分；

3. 三天内所有严重违规，包括所有投诉成立（即被投诉方被同一知识产权投诉，在规定期限内未发起反通知；或虽发起反通知，但反通知不成立）及速卖通平台抽样检查，只会做一次违规计算；三次严重违规者关闭账号，严重违规次数记录累计不区分侵权类型；

4. 速卖通有权对卖家商品违规及侵权行为及卖家店铺采取处罚，包括但不限于① 退回或删除商品/信息；② 限制商品发布；③ 暂时冻结账户；④ 关闭账号。对于关闭账号的用户，速卖通有权采取措施防止该用户再次在速卖通上进行登记。

5. 每项违规行为由处罚之日起有效期 365 天；

6. 当用户侵权情节特别显著或极端时，速卖通有权对用户单方面采取解除速卖通商户服务协议及免费会员资格协议，直接关闭用户账号及速卖通酌情判断与其相关联的所有账号及/或采取其他为保护消费者或权利人的合法权益或平台正常的经营秩序，由速卖通酌情判断认为适当的措施。该类情况下，速卖通除有权直接关闭账号外，还有权冻结用户关联国际支付宝账户资金及速卖通账户资金，其中依据包括为确保消费者或权利人在行使投诉、举报、诉讼等救济权利时，其合法权益得以保障。"侵权情节特别显著或极端"包括但不限于以下情形：

- 用户侵权行为的情节特别严重；
- 权利人针对速卖通提起诉讼或法律要求；
- 用户因侵权行为被权利人起诉，被司法、执法或行政机关立案处理；
- 因应司法、执法或行政机关要求速卖通处置账号或采取其他相关措施；
- 用户所销售的商品在产品属性、来源、销售规模、影响面、损害等任一因素方面造成较大影响的；
- 构成严重侵权的其他情形（如以错放类目、使用变形词、遮盖商标、引流等手段规避）。

7. 速卖通保留以上处理措施等的最终解释权及决定权，也会保留与之相关的一切权利。

8. 本规则如中文和非中文版本存在不一致、歧义或冲突，应以中文版本为准所以大家在做速卖通平台时，要做到以下几点：

（1）尊重知识产权。请卖家严格排查自己的在线及下架商品，若存在侵权行为，请立即将侵权商品删除。同时，严格把控进货来源，杜绝来源不明的产品，建议实拍图片，提高图片质量，让买家更直观地了解商品，获得更多订单。

（2）发展有品质的自营品牌。如果你的产品有品质，注册自有品牌，跟平台一起扩大自营品牌影响力，让自己的品牌商品出海，不断增加附加值。

（3）完成品牌准入流程。完成品牌准入再发布品牌商品，不要发布未获得发布权限的品牌商品。

品牌列表参考速卖通官网。

（4）了解欧盟 CE 认证。

CE 认证，即只限于产品不危及人类、动物和货品的安全方面的基本安全要求，而不是一般质量要求。协调指令只规定主要要求，一般指令要求是标准的任务。因此准确的含义是：CE 标志是安全合格标志而非质量合格标志，是构成欧洲指令核心的“主要要求”。

“CE”标志是一种安全认证标志，被视为制造商打开并进入欧洲市场的护照。CE 代表欧洲统一（Conformite Europeenne）。

在欧盟市场“CE”标志属强制性认证标志，不论是欧盟内部企业生产的产品，还是其他国家生产的产品，要想在欧盟市场上自由流通，就必须加贴“CE”标志，以表明产品符合欧盟《技术协调与标准化新方法》指令的基本要求。这是欧盟法律对产品提出的一种强制性要求。

扫描二维码，可以查看需要 CE 认证的类目：

https：//sell.aliexpress.com/zh/__pc/F7GI7pL871.htm?spm=5261.ams_103714.0.0.78aa4e6fqq1Fr0

没有 CE 认证的产品，无法在欧盟国家进行线上售卖。

三、了解搜索排序规则

（一）搜索排序的原则

AliExpress 搜索的整体目标是帮助平台的买家快速找到想要的商品并且能够有比较好的采购交易体验，而搜索排名的目标就是要将最好的商品、服务能力最好的卖家优先推荐给我们的买家，谁能带给买家最好的采购体验，谁的商品就会排序靠前。

在排序过程中，平台坚持公平的原则，对于所有的卖家采取相同的标准，给予表现好的卖家更多的曝光机会，降低表现差的卖家曝光机会甚至没有曝光机会。我们提倡卖家间公平竞争，优胜劣汰，能够提供最好的采购体验给平台的买家，让更多的买家满意，愿意来平台采购，最终促进市场的良性发展。

（二）搜索排序机制介绍

影响卖家搜索排名的因素很多，简单来说概括为以下 5 大类：

（1）商品的信息描述质量；

（2）商品与买家搜索需求的相关性；

（3）商品的交易转化能力；

（4）卖家的服务能力；

（5）搜索作弊的情况。

动画 速卖通排序规则是什么 3-2

卖家的商品如何才能排名靠前：首先卖家的商品要如实描述且信息完整、准确；其次卖家的商品与买家搜索或类目浏览的需求非常相关，在这个基础上，平台会综合考虑商品的转化能力和卖家过往的服务表现，商品转化好、卖家服务好的商品会排序靠前，但如果有相关的搜索作弊行为，将会大大影响卖家商品的排序甚至没有排序的机会。

（三）影响搜索排名的因素

视频 影响搜索排名的因素 3-2

1．商品的信息描述质量

（1）商品信息的如实描述。这是最基本的要求，卖家销售的是什么样的商品，在商品描述的时候一定要真实、准确地告诉买家，帮助买家快速地做出购买决策。由虚假描述引起的纠纷会严重影响卖家的排名情况甚至平台网规的处罚。

（2）商品描述信息尽量准确完整。商品的标题、发布类目、属性、图片、详细描述对于买家快速做出购买决策来说非常重要，务必准确、详细地填写。

① 标题是搜索上面非常关键的一个因素，卖家务必在标题中清楚地描述清楚商品的名称、型号以及关键的一些特征和特性，帮助买家一看就清楚地知道商家卖的商品是什么，从而吸引其进入详情页进一步查看。

② 发布类目的选择一定要准确，切忌将自己的商品放到不相关的类目，不但买家搜到的概率比较小，而且情况严重会受到平台的处罚。

③ 商品的属性填写一定要尽量完整和准确，因为这些属性将帮助买家快速地判断商家的商品是不是他们想要的商品。商品的主图是商品的一个不可或缺的部分，买家更加喜欢实物拍摄的高质量、多角度的图片，因为这些能够帮助他们清楚了解商家的商品，从而做出购买决策。

④ 详细描述的信息一定要真实、准确，最好能够图文并茂地向买家介绍商家的商品的功能、特点、质量、优势，帮助买家快速理解。商品图片实物拍摄，美观、整洁、大方的页面排版设计，会吸引买家的眼球，提升商家商品成交的机会。

（3）配以高质量的图片展示。平台提倡卖家能够对自己所销售的商品进行实物拍摄，在进行展示的时候，能够进行多角度、重点细节的展示，图片清晰美观，这些将有利于让买家快速了解商家的商品，做出是否购买的判断。

平台严格禁止盗用其他卖家的图片，因为这样做不但会让买家怀疑商家的诚信，并且将会受到平台严厉的处罚。如果商家的图片被其他卖家盗用，请直接联系平台进行投诉，我们有专人负责受理并严厉处罚盗用图片的卖家。

2．商品与买家搜索需求的相关性

相关性是搜索引擎技术里面一套非常复杂的算法，简单地说就是判断商家的商品在买家输入的关键词搜索与类目浏览时，与买家实际需求的相关程度，越相关的商品，排名越靠前。

平台在判断相关性的时候，最主要是考虑商家商品的标题，其次会考虑发布类目的选择、商品属性的填写以及商家商品详细描述的内容。

以下几点建议有助于卖家获取更多曝光机会：

（1）标题的描写是重中之重，真实准确地描述商家的商品，符合海外买家的语法习惯，没有错别字及语法错误，请不要千篇一律地描述，买家也有审美疲劳。

（2）标题中切记避免关键词堆砌，比如："MP3，MP3 Player，Music MP3 Player"这样的标题关键词堆砌不能帮商家提升排名，反而会被搜索降权处罚。

（3）标题中切忌虚假描述，比如卖家销售的商品是MP3，但为了获取更多的曝光，在标题中填写类似"MP4/MP5"字样的描述，算法可以监测此类的作弊商品，同时虚假的描述也会影响商家商品的转化情况，得不偿失。

（4）商品发布类目的选择一定要准确，正确的类目选择有助于买家通过类目浏览或者类目筛选快速定位到商家的商品，错误地放置类目会影响曝光机会并且可能受到平台的处罚。

（5）商品属性的填写完整准确，详细描述、真实准确有助于买家通过关键词搜索、属性的筛选快速定位到商家的商品。

3．商品的交易转化能力

平台看重商品的交易转化能力，一个符合海外买家需求、价格/运费设置合理且售后服务有保障的商品是买家想要的。我们会综合观察一个商品曝光的次数以及最终促成了多少成交来衡量一个商品的交易转化能力。转化高代表买家需求高，有市场竞争优势，从而排序靠前；转化低的商品会排序靠后甚至没有曝光的机会，逐步被市场淘汰。

一个商品累积的成交和好评，有助于帮助买家快速地做出购买决策，会排序靠前。如果一个商品买家的评价不好，会严重地影响商品的排名。

4．卖家的服务能力

除商品本身的质量外，卖家的服务能力是最直接影响买家采购体验的因素，平台期望卖家和平台一起努力，能够将最优质的服务提供给买家。

在搜索排名上面，平台会非常看重卖家的服务能力，能提供优质服务的卖家排名将靠前，服务能力差、买家投诉严重的卖家会受到排名严重靠后甚至不参与排名的处罚，同时也可能会受到平台网规的相关处罚。

平台会重点观察卖家在以下几个方面服务的表现：

（1）卖家的服务响应能力。主要是在 Contact Now、邮件的响应能力上面，及时答复买家的询问将有助于提升卖家在服务响应能力上的评分。

（2）订单的执行情况。卖家发布商品进行销售，承诺了发货时间，就应该兑现对于买家的承诺。买家付款后，平台期望卖家能够及时发货。无货空挂、拍而不卖的行为将对买家体验造成严重影响，也会严重影响卖家所有商品的排名情况，情节严重的卖家所有商品将不参与排序。当然，在这过程中，平台会排除非卖家责任的订单取消的情况。此外，如果为了规避拍而不卖而进行虚假发货的行为，视为欺诈行为，将受到更加严厉的处罚。

（3）订单纠纷、退款情况。卖家在发布商品进行销售时，应该如实描述，向买家真实准确地介绍自己的商品，保证商品的质量，避免买家收到货以后产生纠纷、退款的情况。如遇到买家有不满意的时候，应该提前积极主动地与买家沟通、协商，避免纠纷的产生，特别是要避免纠纷上升到需要平台介入进行处理的情况。我们对于纠纷少的卖家会进行鼓励，对于纠纷严重的卖家将会受到搜索排名严重靠后甚至不参与排名的处罚，当然，我们也会排除非卖家责任引起的纠纷、退款情况。

（4）卖家的 DSR 评分情况。卖家的 DSR 评分直接代表着交易结束后买家对于商品、卖家服务能力的评价，是买家满意与否的最直接的体现，请卖家珍视自己买家的评价。平台会优先推荐 DSR 评分高的商品和卖家，给予更多曝光机会和推广资源，对于 DSR 评分低的卖家进行大幅的排名靠后处理甚至不参与排名的处罚。

在订单的执行、纠纷退款等几个维度上，我们会同时观察单个商品和卖家整体的表现情况。个别商品表现差，影响个别商品的排名，卖家整体表现差，将影响卖家销售的所有商品的排名。关于卖家服务能力的表现，卖家日常会关注卖家后台每日服务等级的表现。

5．搜索作弊的情况

对于搜索作弊骗取曝光机会、排名靠前情况，平台在后续将逐步完善并加大清理、打击力度，还卖家一个公平竞争的环境，保障我们买家的搜索体验。在这一点上平台方向明确，信心坚定，处理决不手软，请卖家朋友和平台一起来维护一个公平、有序的市场环境。

对于搜索作弊的行为，平台会进行日常的监控和处理，及时清理作弊的商品，处理手段包含商品的排名靠后、商品不参与排名或者隐藏该商品，对于作弊行为严重或者屡屡犯规的卖家，会进行店铺一段时间内整体排名靠后或者不参与排名的处罚，特别严重者，甚至会关闭账号，进行清退。

常见的搜索作弊行为（下面只是简单列举作弊及简单说明，部分的作弊行为已经开始处理，详情参考相应的网规或公告）如下：

（1）黑五类商品的乱放。订单链接、运费补差价链接、赠品、定金、新品预告等商品作为特殊商品存在于网站上面，但没有按规定放置到指定的特殊发布类目中。

（2）重复铺货骗曝光。卖家将同一件商品恶意发布为多个商品进行销售。

（3）重复开小账号抢曝光。卖家恶意注册多个账号发布相同商品进行销售。

动画 什么是重复铺货 3-2

（4）商品标题、关键词滥用。在商品的标题、关键词、简要描述、详细描述等处设置与商品本身不相关的品牌名称和描述用语，吸引更多买家注意或误导买家浏览自己的商品。

（5）商品发布类目乱发。将商品发布在不合适的类目中或设置错误的属性以影响网站产品类目列表以及属性筛选的准确性，进而影响到买家的搜索采购体验。

（6）商品超低价骗曝光。卖家发布偏离商品正常价值较大的商品，在默认和价格排序时，吸引买家注意，骗取曝光。

（7）商品价格与运费倒挂。卖家以超低价格发布商品，同时调高运费价格，吸引买家注意，骗取曝光。

（8）发布广告商品。以宣传店铺或者其他商品为目的，发布带有广告性质的商品，吸引买家访问，但不进行真实销售。

（9）商品销量炒作。以提升商品的累积销量为目的，利用先卖低值商品，后转卖高货值商品以及虚假交易的方式提升商品的累积销量，误导买家。

（10）卖家信用炒作。信用评价并非基于真实的交易体验，而主要是为了提高会员的信誉做出评价或接收评价的行为。

在此提醒卖家，千万不要抱着侥幸的心理去尝试作弊提升曝光和排名，也不要去模仿其他卖家已有的作弊行为，诚信经营，长远发展才是根本。平台目前不是无法识别这些搜索作弊的行为，只是在分步骤实施清理和打击，并且对历史的作弊行为会进行追溯和清理，希望有作弊行为的卖家停止违规的操作并且自发清理相关的商品。

具体的作弊行为的定义请见相关的规定。

四、搜索处罚调控的常见手段

搜索处罚调控的手段作用于卖家的单个商品或卖家的所有商品，根据违规情节的严重程度在力度上也有所区别，主要有以下三种手段：

（1）**搜索降权、排名靠后：一定时间内单个商品或卖家的所有商品的排名较之前有较大幅度下降，甚至全部只出现在任何关键词搜索结果的最后。

（2）**搜索屏蔽、不参与排名：一定时间内单个商品或卖家的所有商品在搜索结果中不出现。

（3）**搜索过滤、商品隐藏：在买家搜索时，默认不展示相应的商品，点击特殊链接后展示。

五、相关名词

动画 虚假发货是什么 3-2

（一）成交不卖与虚假发货

“成交不卖”是指买家在订单付款后，卖家逾期未按订单发货的行为。

逾期是指未在卖家发货超时时限前上传运单号（含部分发货后未在卖家发货超时时限之前确认全部发货），导致被系统关单情况。

注意：买家申请取消订单时，无论选择什么原因都不会计入成交不卖，不会对商家店铺有任何影响。

成交不卖目前会有两方面的影响：

① 店铺-服务分，这边会有成交不卖指标的监控，分值是 10 分，如果表现较差，最低是 – 100 分，表示成交不卖率已经非常高。

② 每个月会对上个月的违规数据进行监控，针对表现特别差的商家（处罚维度是看成交不卖订单量、成交不卖率），会进行扣分处罚，根据严重情况，会分为 2 分、12 分、48 分。

虚假发货包含几种情况：

（1）声明发货填写无效/无关运单号（如虚假运单号，运单号的收货信息、妥投地址与订单不一致等）;

（2）卖家申明发货，但长时间无物流揽收寄送信息或运单被超时取消;

（3）卖家未按照平台物流政策规定选择物流发货方式（如发货运单和声明发货的运单不一致且未进行系统修改，违规使用线下经济类物流发货，或使用经济类物流冒充标准、快速类物流等）;

（4）卖家申明发货的国家与买家下单时选择的发货地或库存所在地不一致，如商品声明在海外有库存，却实际从中国发货。

（二）货不对版与违背承诺

“货不对版”行为指：买家收到的商品与达成交易时卖家对商品的描述或承诺在类别、参数、材质、规格等方面不相符。

严重行为包括但不限于以下：

（1）寄送空包裹给买家;

（2）订单产品为电子存储类设备，产品容量与产品描述或承诺严重不符;

（3）订单产品为电脑类产品硬件，产品配置与产品描述或承诺严重不符;

（4）订单产品和寄送产品非同类商品且价值相差巨大;

（5）其他订单产品和寄送产品严重不符的情形。

速卖通平台将根据卖家以上违规行为情节严重程度进行“直接扣 48 分关闭账号”的判定，如表 3-2-4。

表 3-2-4　违规行为及处罚措施

违规行为	处罚措施
严重货不对板一般违规	2 分/次
严重货不对板严重违规	12 分/次
严重货不对板情节特别严重	48 分/次

违背承诺，是指卖家未按照以下承诺向买家提供服务，损害买家正当权益的行为：

1．交易及售后相关服务承诺，包括但不限于

（1）卖家承诺给予售后服务（含笼统表达会解决、再次下单提供折扣、提供使用指导、维修、换货、退货退款、部分退款、补发、重发等），但实际未履行，包含如下 3 种情形：

① 拒绝履行或一个月内没有给出明确进展;

② 擅自增加买家提出商品问题前未告知的执行门槛（包含换货场景下的各段物流运费承担方）;

③ 未明确拒绝但 7 日内不回复买家的站内消息或回复不相关、重复语句。

（2）卖家拒绝按照买家拍下的价格进行交易（交易双方线下另有约定的除外），或卖家承诺对商品价格给予优惠，但实际未履行。

（3）卖家承诺给予买家赠品或发票等交易商品之外的物品，但实际未赠予或给付。

2．物流相关承诺，包括但不限于

（1）卖家承诺免运费，但买家实际支付了运费；

（2）卖家在交易订立过程中自行承诺或与买家约定了特定的运送方式、运送物流、快递公司等，但实际未按照相关承诺或约定履行；

（3）卖家承诺承担退货运费，但实际未履行。

3．违背平台既定规则或要求，包括但不限于

（1）平台要求买卖双方的交易行为必须在线进行，但卖家以各种方式引导买家不通过速卖通平台进行支付和交易；

（2）卖家参加速卖通官方活动，但未按照活动要求（除发货时间外）提供服务。

4．卖家违背其自行做出的其他承诺

（1）前文中的承诺指卖家在店铺 Banner、商品主图、商品详情页、站内消息等渠道做出的承诺，请卖家遵守在站内渠道做出的承诺，及时查看买家站内消息并与买家同步处理进展。

（2）欧盟国家订单根据相关法律需提供 2 年保修，卖家未履行即属于违规行为，与前期是否承诺无关。

处罚：卖家的违背承诺行为将被扣分。

扣分标准：单次违背承诺扣 1 分，每月上限 6 分。

六、不正当竞争与不法获利

（一）不正当竞争定义

（1）卖家所发布的商品信息、店铺装修或所使用的其他信息存在扰乱其他卖家正常经营的情形，足以使消费者与其他正常经营卖家混淆或误认为存在特定联系。

（2）卖家通过自身或利用其他会员账户对其他卖家进行恶意下单、恶意评价、恶意投诉等行为，影响其他卖家声誉与正常经营。

恶意下单：指卖家利用海外会员账户对其他卖家下单，对其他卖家正常经营造成影响的行为，如拍库存不付款。

恶意评价：指卖家利用海外会员账户对其他卖家下单，恶意给出差评或评价内容与事实不符的行为。

恶意投诉：指卖家通过自身或利用其他会员账户对其他卖家进行投诉，投诉内容缺乏相关依据或投诉目的不当，存在故意损毁同行卖家的商誉、敲诈正当经营的卖家或蓄意打击同行卖家正当经营的情况。

（二）不正当竞争处罚

根据不正当竞争的严重程度，分为不正当竞争一般违规和不正当竞争严重违规。不正当竞争情节特别严重行为包括但不限于以下情形：

（1）对其他卖家的正常经营造成恶劣影响；

（2）使买家造成严重误认、混淆，严重影响购物体验；
（3）卖家在平台调查过程中做虚假陈述或提供虚假证明资料；
（4）卖家不接受平台提醒或整改要求，仍明知故犯（见表3-2-5）。

表3-2-5　违规处理

违规情况	处罚措施
不正当竞争一般违规	3分/次
不正当竞争严重违规	12分/次
不正当竞争情节特别严重	48分/次

同时平台有权对造成不正当竞争的商品信息、店铺装修等信息进行删除处理。

（三）不法获利

1. 定　义

不法获利的定义，是指卖家违反速卖通规则，涉嫌侵犯他人财产权或其他合法权益的行为。包括但不限于以下情形：

（1）卖家通过发布或提供大量虚假的或与承诺严重不符的商品、服务或物流信息骗取交易款项的；

（2）交易中诱导交易对方违背速卖通正常交易流程操作并获得不正当利益的；

（3）发送钓鱼链接或木马病毒信息用于骗取他人财物的；

（4）利用不正当手段或违规手段骗取包括但不限于平台售后宝赔付、平台优惠券、Coupon、Promocode、平台减免、保证金、平台赔付基金、佣金、赏金激励等款项的；

（5）假借速卖通及其关联公司工作人员或速卖通店铺客服名义行骗的；

（6）通过第三方账户实施诈骗行为骗取他人财物的；

（7）卖家违反速卖通规则，通过其他方式非法获利的；

（8）为销售目的，卖家以任何明示或暗示的方式涉嫌进行或协助买家进行各类违规避税行为。

这些行为平台会有明确的处罚措施。

2. 不法获利行为的处罚措施

（1）处罚措施具体内容。不法获利行为根据严重程度，分为一般违规、严重违规和特别严重违规。一般违规：存在违规但未对平台造成显著损害的情形；严重违规：违规情节对平台造成损害，但情节轻微或通过补救措施进行修正，未对平台或消费者造成重大损害的情形；特别严重违规：违规情节恶劣，或反复违规，对平台或消费者造成损害的情形。

对不法获利的处罚见表3-2-6。

表3-2-6　不法获利处罚

违规情形	处罚措施
不法获利一般违规	2分/次
不法获利严重违规	12分/次
不法获利特别严重	48分/次

（四）给平台造成损害的行为

除上述处罚外，如果卖家非法获利给平台造成损害的，平台有权向卖家追偿，同时保留法律允许的其他救济措施，包括向公安、检察机关举报等。给平台造成损害的行为包括：

严重扰乱平台秩序，指干扰平台管理和秩序，损害其他用户或平台的合法权益的行为。包括但不限于以下情形：

（1）恶意规避平台规则或监管措施的行为；

（2）通过恶意违规等方式干扰其他用户正常交易的行为；

（3）对买家购物过程带来了严重的不良体验，对速卖通平台的商业环境造成了恶劣影响的行为；

（4）其他严重扰乱平台秩序的行为。

（五）给平台造成损害的行为解读

1．恶意规避平台规则或监管措施的行为

包括但不限于：

（1）规避平台经营大类的监管，规避发布非准入经营大类的商品；

（2）规避平台类目监管，大量发布不适合跨境销售而不应售卖的商品（如香水、茶叶、粉末状动/植物提取物等食用保健品、食品等）

（3）引导买家修改取消订单原因或纠纷原因，以规避平台考核。

2．给买家购物带来了严重的不良体验，对速卖通平台的商业环境造成了恶劣影响的行为

（1）如长期售卖质量差的商品，选择时效体验差的物流方式等，店铺的整体经营指标远低于行业水平（即店铺纠纷率高，DSR 远低于平均水平，好评率低等）、严重影响消费者体验的、给买家带来严重不良体验的行为。

（2）处罚：对于严重扰乱平台秩序的行为，平台根据情节严重程度：一般：2 分/次；严重：12 分/次；特别严重：48 分/次。根据严重程度，速卖通将根据其行为并结合事件的紧急、严重程度将可能同时采取以下市场监管措施：

搜索排名靠后、屏蔽、限制发送站内信、限制发布商品、退回/删除已发布商品、限制参加营销活动、关闭经营权限、关闭提前放款功能、冻结卖家账户资金（包括但不限于国际支付宝账户/速卖通账户）、清退，同时对卖家其余订单进行审核处理等。

任务实施

活动 1：分组讨论对速卖通的各种条款的理解。

活动 2：自己选定一个类目，进行选品发布。

【学习笔记】

任务 3-3 认识速卖通店铺

任务目标

知识目标：

了解速卖通店铺类型及相关要求。

技能目标：

掌握速卖通店铺相关要求。

工作任务

不同类型的店铺开店要求。

相关知识

一、AliExpress 全球速卖通店铺类型及相关要求

了解店铺类型：可分为官方店、专卖店、专营店，不同类型店铺对店铺类型、开店要求及运营情况等，都有很大差别。表 3-3-1 是从几个方面对店铺类型进行比较。

表 3-3-1 店铺类型比较

店铺类型	官方店	专卖店	专营店
店铺类型介绍	商家以自有品牌或由权利人独占性授权（仅商标为 R 标且非中文商标）入驻速卖通开设的店铺	商家以自有品牌（商标为 R 或 TM 状态且非中文商标）或者持他人品牌授权文件在速卖通开设的店铺	经营 1 个及以上他人或自有品牌（商标为 R 或 TM 状态）商品的店铺
开店企业资质	需要完成企业认证，卖家需提供如下资料： 1. 企业营业执照副本复印件； 2. 企业税务登记证复印件（国税、地税均可）； 3. 组织机构代码证复印件； 4. 银行开户许可证复印件； 5. 法定代表人身份证正反面复印件	同官方店	同官方店
单店铺可申请品牌数量	仅 1 个	仅 1 个	可多个

注意：关于官方店自定义内容使用说明：当卖家品牌名被其他同名品牌名称抢注在先，或当品牌名与平台其他规则相冲突时，可启用。

二、不同类型的店铺，相应的店铺权益和权重不一样

速卖通平台有店铺属性，所以对于买家的店铺体验的概念是给客户最直观的感受。店铺的整体调性需要有一个定位，具体体现在产品维度、图片风格。

于是平台提出风格化店铺，针对女装、珠宝饰品、鞋、男装、服饰配饰、箱包、内衣、手表、母婴、童装等类目进行招商，风格化店铺的商家会有以下权益：专属标识、营销支持、专属频道、成长支持、流量支持。

视觉要求：有鲜明风格定位，消费人群清晰；PC 和无线首页移动端装修要求；整体风格与报名风格匹配；有风格 Banner 装修且符合报名风格；店铺的 50% 以上商品符合报名风格要求；有清晰的商品陈列分类；商品主图；商品主图正确且产品主体清晰，美观、真实、无缺陷；无知识产权侵权或其他违反平台规则的内容。

基础数据门槛如表 3-3-2 所示：

表 3-3-2　基础数据门槛

开店时间>=180 天	开店时间<180 天
1. 店铺主营主赚一致 2. 店铺二级主营在招商范围内 3. 店铺近 90 天全店成交>=3 000 美金 4. 店铺近 90 天好评率>=92% 5. 店铺近 90 天描述相符 DSR 评分>=4.5 6. 店铺近 90 天 SNAD 纠纷率<=5% 7. 店铺累计粉丝数>=500 8. 店铺近 30 天发布商品>=5 （除主营一级类目是珠宝饰品和手表） 9. 店铺近 30 天有发布数 Feed 10. 在线商品数>=10	1. 店铺主营主赚一致 2. 店铺二级主营在招商范围内 3. 店铺近 30 天全店成交>0 4. 店铺近 90 天好评率>=92% 5. 店铺近 90 天描述相符 DSR 评分>=4.5 6. 店铺近 90 天 SNAD 纠纷率<=5% 7. 店铺近 30 天发布商品>=5 （除主营一级类目是珠宝饰品和手表） 8. 在线商品数>=10

任务实施

活动：在速卖通平台开一家自己喜欢的风格的店铺。

【学习笔记】

项目 4　跨境电商选品策略

任务 4-1　跨境电商选品基础逻辑

任务目标

知识目标：

1. 了解跨境电商数据化选品；
2. 了解优秀跨境电商商品所具备的主要条件。

技能目标：

1. 掌握主要的竞品分析、选品的方法；
2. 掌握多维度选品的基本方法；
3. 能够完成跨境电商选品工作；
4. 了解 AE 选品的渠道和工具。

工作任务

模拟操作 AE 等多渠道跨境电商选品。

相关知识

一、产品分析

包括：市场分析、客户分析、竞品分析、产品需求分析。

1. 市场分析

市场分析需要对目标的细分市场、市场体量进行了解，对相关产品的市场体量进行调查，判断目前的市场是否达到自己期望，对市场现状、竞争是否激烈、市场发展趋势以及未来是市场上涨还是下滑等等进行了解和预判。通常的市场分析主要包括 3 方面的工作：

（1）市场需求预测分析：市场需求预测分析可分为市场需求量估计、预测未来市场容量和产品竞争能力，通常采用的方法为调查分析法、统计分析法和相关分析预测法；

（2）市场需求层次和各类地区市场需求量分析：根据各市场特点、人口分布、经济收入、消费习惯、生产性消费等，确定不同地区、不同消费者及用户的需要量，通常采用的方法为产销区划、市场区划、市场占有率及调查分析；

（3）估计产品生命周期及可销售时间：也即预测市场需要的时间，使生产及分配等活动与市场需要量作最适当的配合。

2. 客户分析

主要分析目标客户是谁，客户需求点和痛点在哪，了解目标客户的消费习惯和风俗偏好。客户分析具体包括：客户获取、迁移至有利可图的细分市场、客户盈利能力、客户忠诚度和保留率（客户的忠诚度和保留率又分为识别和跟进两个部分）。以消费者为核心，全周期精准客户营销，是建立准确的客户分析报表的基础工作。建立准确的客户分析报表是了解客户的重要一步，也是全面改善服务的关键组成部分。

3. 竞品分析

是基于客户需求满意度上对竞争产品的分析，是直接竞品和间接竞品、运营策略/定价/产品定位等运营思维的分析。通过观察和分析自家产品和竞争产品在各个维度上的指标，为产品设计、活动运营、战略规划等找到可行的应对方案，促进自身产品更好满足需求。

4. 产品需求分析

从产品定位、核心功能及差异化优势、非功能需求/附加价值等方面进行分析。产品需求分析不只是需求分析师和产品经理的必备技能，对于项目经理/研发经理/解决方案经理等多角色的工作都有重要指导意义。

二、资源分析

产品的资源分析可以从地域（产业带）、供应链、个人兴趣/特长/爱好等方面去分析产品的品类、客户性别、年龄特征，以及围绕核心企业所形成的生产及流通中产品或服务提供给最终用户活动的上游与下游企业的网链结构状况，以及产品在个人兴趣/特长/爱好等方面是否有共性等。

1. 数据化选品

选品是解决卖什么的问题，选品做得好，店铺的运营就有了基础，产品都是有目标人群的，选品其实就是选产品背后的目标人群。数据化选品就是通过线上平台数据工具或者站外的数据工具，以不同的维度对产品进行分析，匹配自身条件，选择适合商家自己的产品。根据相关经验，选品是电商运营工作的一个很重要的环节。在电商平台，选对了产品不一定都能成功，但是选错产品就注定失败。

众所周知，速卖通 AliExpress 是中国最大的跨境出口 B2C 平台，同时也是在俄罗斯、西班牙排名第一的电商网站。通过速卖通平台工具进行数据化选品，卖家可以获得行业数据和自己店铺的数据，也可以根据数据指标针对店铺和产品开展优化工作和营销活动，为店铺的成长提供持续动力。速卖通的后台生意参谋——市场，使我们能够获取市场大盘、国家分析和选品专家等数据。

2. 市场大盘

速卖通 AliExpress 平台上提供行业趋势预估流量及竞争、行业的细分结构，明确所属行业的主推国家。如图 4-1-1 所示的市场大盘。

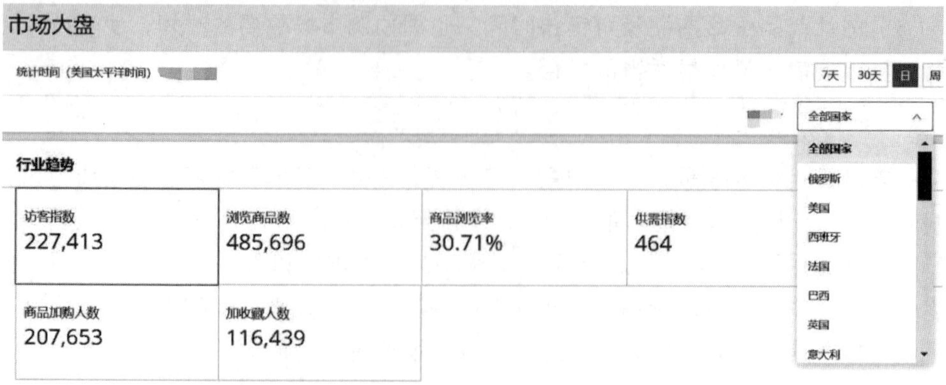

图 4-1-1　市场大盘

3．国家分析

通过对不同国家和地区消费者行为分析，可以明确主推国家、目标国家消费群特征以及购买行为（见图 4-1-2）。

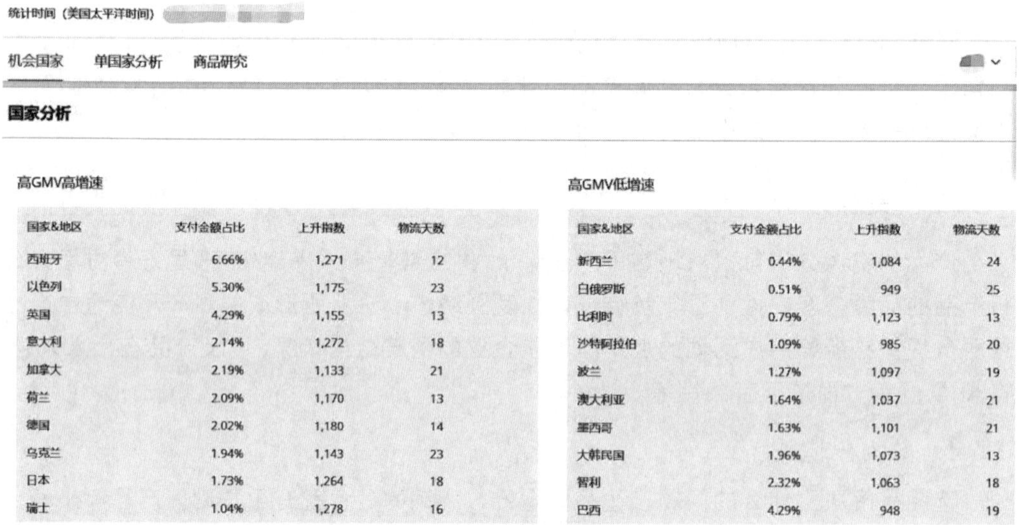
统计时间（美国太平洋时间）

机会国家　单国家分析　商品研究

国家分析

高GMV高增速

国家&地区	支付金额占比	上升指数	物流天数
西班牙	6.66%	1,271	12
以色列	5.30%	1,175	23
英国	4.29%	1,155	13
意大利	2.14%	1,272	18
加拿大	2.19%	1,133	21
荷兰	2.09%	1,170	13
德国	2.02%	1,180	14
乌克兰	1.94%	1,143	23
日本	1.73%	1,264	18
瑞士	1.04%	1,278	16

高GMV低增速

国家&地区	支付金额占比	上升指数	物流天数
新西兰	0.44%	1,084	24
白俄罗斯	0.51%	949	25
比利时	0.79%	1,123	13
沙特阿拉伯	1.09%	985	20
波兰	1.27%	1,097	19
澳大利亚	1.64%	1,037	21
墨西哥	1.63%	1,101	21
大韩民国	1.96%	1,073	13
智利	2.32%	1,063	18
巴西	4.29%	948	19

图 4-1-2　国家分析

任务实施

活动 1：分组讨论跨境电商优秀商品所具备的条件。

活动 2：根据选品方法筛选出优秀商品类目。

活动 3：根据选品方法结合筛选出的类目遴选出最优商品。

【学习笔记】

任务 4-2　跨境电商选品分析

任务目标

知识目标：

1. 了解店铺商品运营中的商品量、客单价、爆款、销量和评论等数据；
2. 熟悉选品渠道和方案。

技能目标：

1. 能进行同行店铺运营数据并进行分析；
2. 能熟练搜索跨境电商平台热词；
3. 能对照同行竞店数据优化店铺选品方案。

工作任务

同行店铺数据分析。

相关知识

一、跨境电商搜索热词

动画　关键词分类 4-2

视频　关键词的分类 4-2

（一）什么是搜索热词

对市场运营岗和品牌策划岗来说，市场群体目前的潮流风向、对品牌的舆论感知、群体本身的地域性别等画像都非常重要。跨境电商平台利用其搜索引擎大数据，为商家免费提供了可以获取市场群体目前的潮流风向、对品牌的舆论感知、群体本身的地域性别等客户画像的信息。

搜索热词可以依据自身习惯和经验进行分类，如果划大类，可以采用聚类算法，比如 Canopy 聚类。对于小类，可以在大簇中进一步聚类。聚类分析又称群分析，它是研究（样品或指标）分类问题的一种统计分析方法，同时也是数据挖掘的一个重要算法。

图 4-2-1 可以说明不同类型的买家在平台上的搜索行为。

图 4-2-1　不同类型买家的搜索行为

图 4-2-2 可以说明不同类型的买家在平台上的搜索行为对搜索排序的影响。

买家的搜索行为

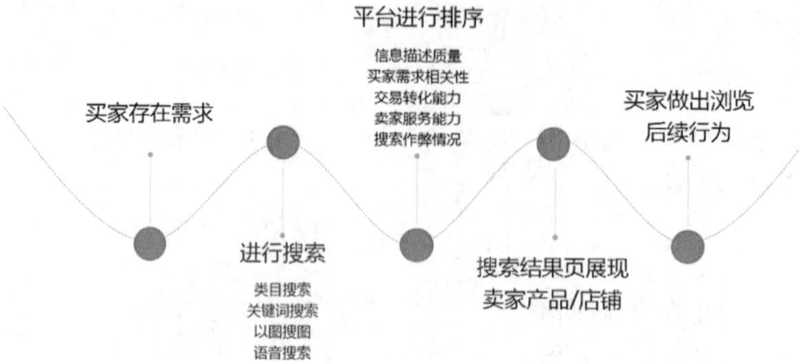

图 4-2-2　搜索行为对搜索排序的影响

视频　关键词（属性词、长尾词）4-2

（二）搜索词分类

根据以上模型可以分析买家大部分是以搜索为导向作为购物的主要场景。

买家的搜索词可按核心词、属性词、长尾词等进行分类（图 4-2-3）。

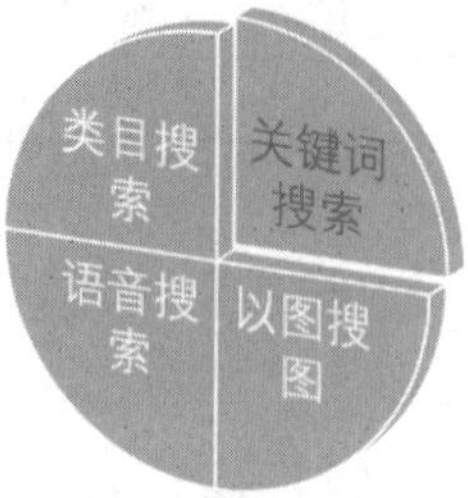

图 4-2-3　搜索词分类

（1）核心词也是类目词，就是说明该产品是什么的关键词。如图 4-2-4 中的核心词就是鞋子、女鞋、女靴属性词等能精准地描述是什么样的产品的关键词。

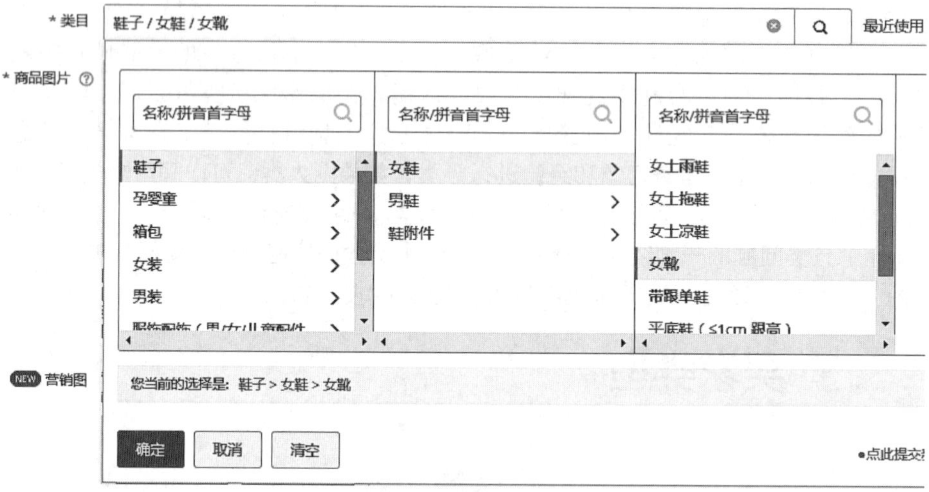

图 4-2-4　核心词

动画　卖家服务等级如何计算 4-2

（2）属性词如 Square Heel / Round Toe / Spring / Color… 非系统属性词也可以对产品进行修饰，例如 2020 / New Arrival / Hot Sale / Comfortable / Fashion / Plus Size。参见图 4-2-5。

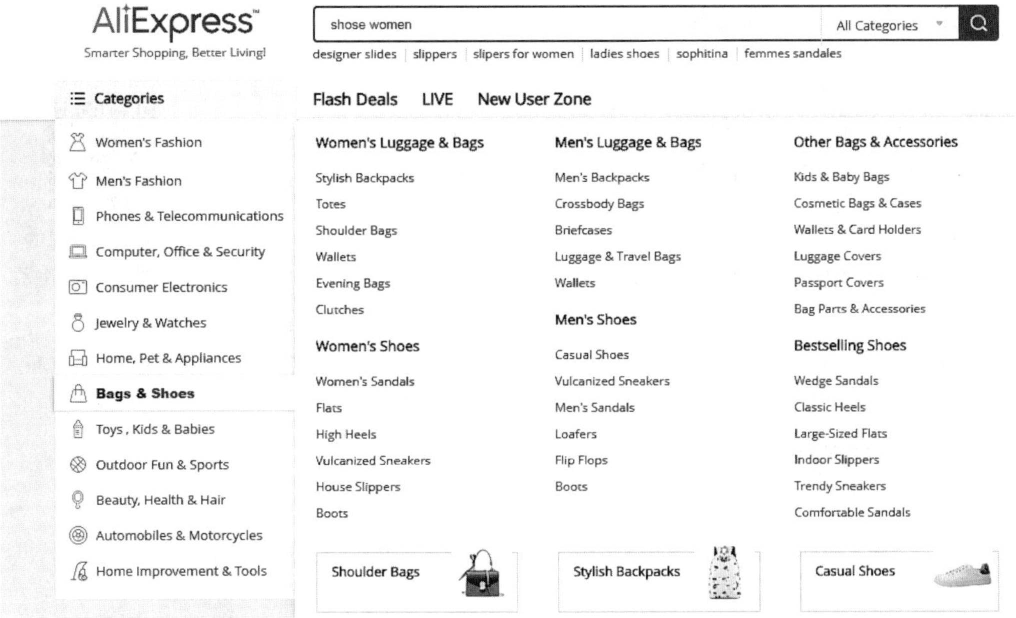

图 4-2-5　属性词

属性词优化的作用可以作为选品依据，开发并上架新品，可以优化标题内属性词，引流，可以优化详情页自定义属性词，提高匹配度，抓取平台首页流量。参见图 4-2-6。

图 4-2-6　属性词优化

（3）长尾词是属性词/修饰词+核心词。例如：Yellow Heels Sandals，Gladiator Sandals Women，Woman Vulcanize Shoes Genuine Leather Pumps 等。

二、关键词的甄别和筛选

1．搜索下拉框

通过输入核心词，关联长尾关键词，其匹配度高，精准贴近消费者搜索习惯和热度，补充关键词。

视频 关键词的甄别和筛选 4-2

2．同行关键词

如图 4-2-7 所示，我们可用同行的关键词进行搜索。

[redacted] [redacted] 2020 Women Sandals Prints High Heels Summer Party Wedding Shoes Microfiber Woman Sexy Peep Toe Heels Pumps New Sandals

★★★★★ 4.8 ⌄ 109 Reviews 228 orders

[redacted] [redacted] 'Sexy Women High Heels Pumps Fashion Prints Party Wedding Shoes Woman Comfort Quality PU Leather Summer Sandals Pumps

★★★★★ 4.7 ⌄ 95 Reviews 213 orders

Print、High Harty、Wedding 等

图 4-2-7 同行关键词

注意：国外买家当地的风俗习惯，比如选择鞋子、衣服时会根据穿着场合去搜索对应的产品。

3．搜索分析（图 4-2-8）

平台上有相关搜索分析。

视频 关键词的分析与技巧 4-2

（1）热搜词。热搜词是指近期买家搜索指数高的词。能上热搜的一般具有的特性是搜索高，曝光大，转化高低都有，选词和产品匹配度高。

图 4-2-8 搜索分析

热搜词往往具有以下特点：搜索人气：搜索人数多；搜索指数；搜索次数；点击

率：该关键词的点击次数/展示次数；支付转化率；支付人数/展现量；竞争指数：与竞争度相关，跟搜索产品数有关。

（2）飙升词。飙升词是指热搜指数同比上一个时间段内累计搜索指数增长幅度。其特性非常重要，性价比高，这个需要多选，作为中坚力量。从中能看出其搜索指数飙升幅度和其曝光商品数增长幅度，还可曝光商家数增长幅度。

（3）零少词。零少词又称蓝海词，是指具备一定相关搜索热度，但供应商发布产品较少，并且在同行业中竞争度较低的关键词。这类词的特性是转化比较高，点击高，曝光低，可以选一些作为关键词分析铺垫。

4．商品分析

（1）商品分析可从来源、方法、用途、写法四个方面去做。

来源是指数据纵横、搜索下拉框、类目属性；方法是指按照热度降序排列；用途是选产品和优化标题；写法是热搜关键词为主，属性关键词和长尾词在后。

视频 关键词优化 4-2

搜索排序依据的数值等于搜索指数*点击率*支付转化率，搜索排序是按计算出来的数值的降序排列，可参见表 4-2-1。

表 4-2-1　搜索排序

搜索词（俄文）	英　文	是否品牌原词	搜索人气	搜索指数	点击率	支付转化率	竞争指数	指数
сапоги женские	women's boots	N	12 428	151 229	29.65%	0.05%	50.74	1 137.576
Сапоги женские осенние	Women's autumn boots	N	5 496	77 042	26.28%	0.06%	69.02	838.453 8
женские ботинки	Women's shoes	N	48 408	500 695	27.48%	0.02%	24.25	667.316 3
ботинки женские	Women's shoes	N	29 341	289 267	31.81%	0.03%	23.58	650.92
женские сапоги	Women's boots	N	2 309	32 826	28.09%	0.07%	98.54	636.034
зимние ботинки женские	Winter boots for women	N	3 500	50 204	31.39%	0.05%	77.22	608.456 4
зимние сапоги женские	Women's winter boots	N	2 524	36 633	29.33%	0.06%	89.84	579.169 3
ботильоны женские	Ankle boots for women	N	9 783	109 088	28.71%	0.04%	44.32	555.226 2
ботильоны	Ankle boots	N	5 005	46 478	30.82%	0.06%	57.67	495.657

（2）分析标题中词的结构。

标题中间的结构如图 4-2-9 所示。

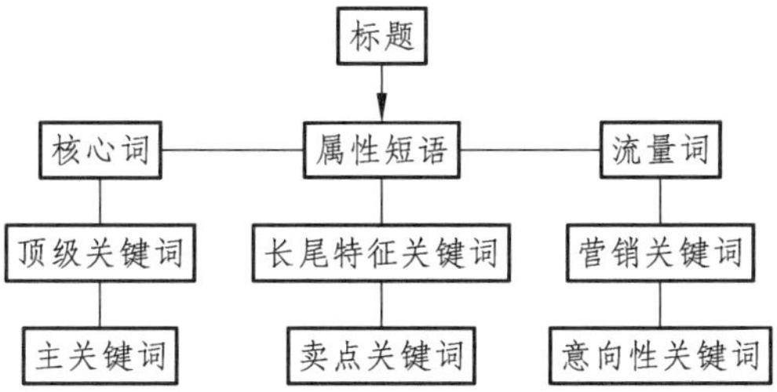

图 4-2-9　标题中词的结构

标语中词的结构分析：顶级关键词（流量大，弱精准），例如：Shoes Woman；主关键词（流量中大，精准），例如：High Heels Shoes；长尾关键词（精准，流量中小），例如：Yellow High Heels Pumps。属性卖点词（非精准，辅助，流量小），例如：Colorful Heels；营销关键词（非精准，辅助，流量小），例如：2020 New Arrival/Hot Sale/清仓。

意向性关键词（非精准，辅助，流量小），如婚礼礼物/圣诞礼物。

（3）搜索关键词分析总结。

搜索关键词分析总结包括四个方面，买家类型、关键词分析、关键词的筛选/获取渠道、关键词分析要点技巧。通过图 4-2-10，也对这节的内容做了全面总结，可以将其作为工具并加以运用。

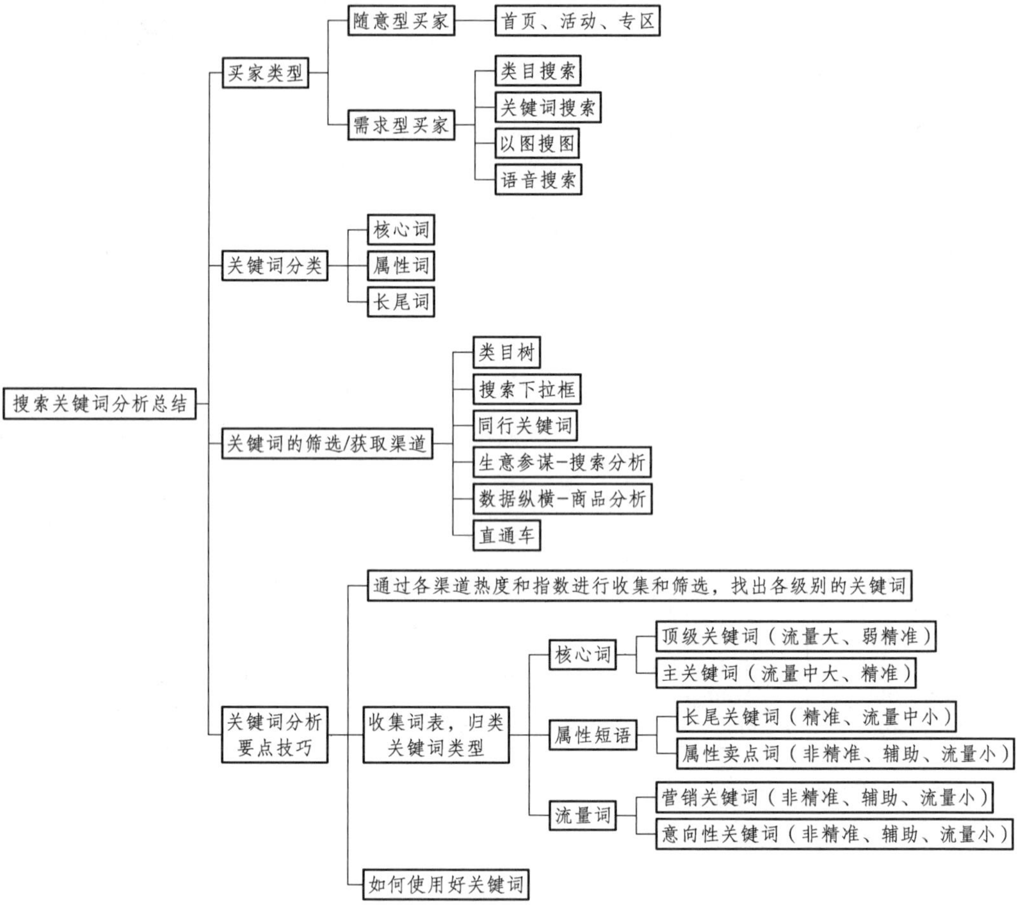

图 4-2-10　搜索关键词分析总结

动画 速卖通生意参谋是什么 4-2

任务实施

活动 1：分析同行店铺运营数据。

活动 2：分析提取的同行数据完成同行店铺和商品数据分析。

活动 3：结合同行和行业热词优化选品方案。

【学习笔记】

项目 5　跨境电商店铺运营

任务 5-1　商品发布与优化

任务目标

知识目标：

1. 了解商品发布上新的流程；
2. 了解商品标题制作的逻辑。

技能目标：

1. 能独立完成商品发布的方法；
2. 能运用商品标题撰写的方法撰写商品标题；
3. 能理解商品展示页面设计思路，进一步优化商品页面。

工作任务

发布商品。

相关知识

一、商品发布

发布流程具体如下：

（1）在如图 5-1-1 所示的网页页面中点击商品中的新增商品。

（2）在如图 5-1-2 所示的网页页面中选择类目页面中合适的产品发布类目。

在如图 5-1-2 所示的网页页面中进行选择。首先在类目列表中选择自己的类目，然后编写标题（以编写逻辑看编写标题）。

视频　发布商品——1、2、3　5-1

图 5-1-1　商品管理

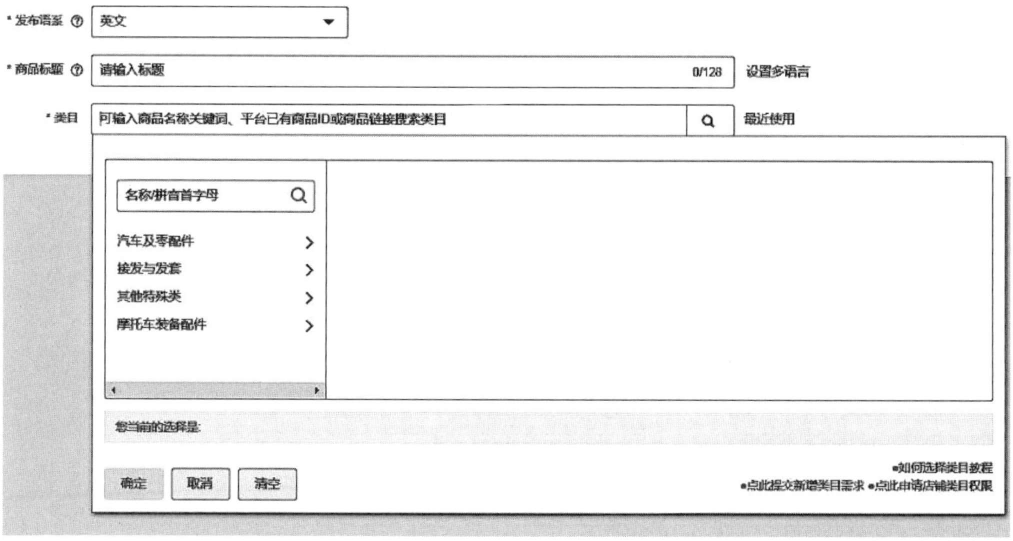

图 5-1-2　类目页面中的产品发布类目选择

（3）完成类目选择后就可以上传产品的 6 张主图和 2 张营销图（见图 5-1-3）。

注意：主图尽量突出产品的卖点。图片背景尽量为纯白色，商品主体居中表现，与四周保持一定间距（不小于 50 像素）。3∶4 营销图允许背景为实物场景、模特演示等来说明产品的使用方式和效果等。不要出现品牌 logo、水印等牛皮癣广告以及敏感违规等信息。

（4）填写产品属性（可参见图 4-2-6）。

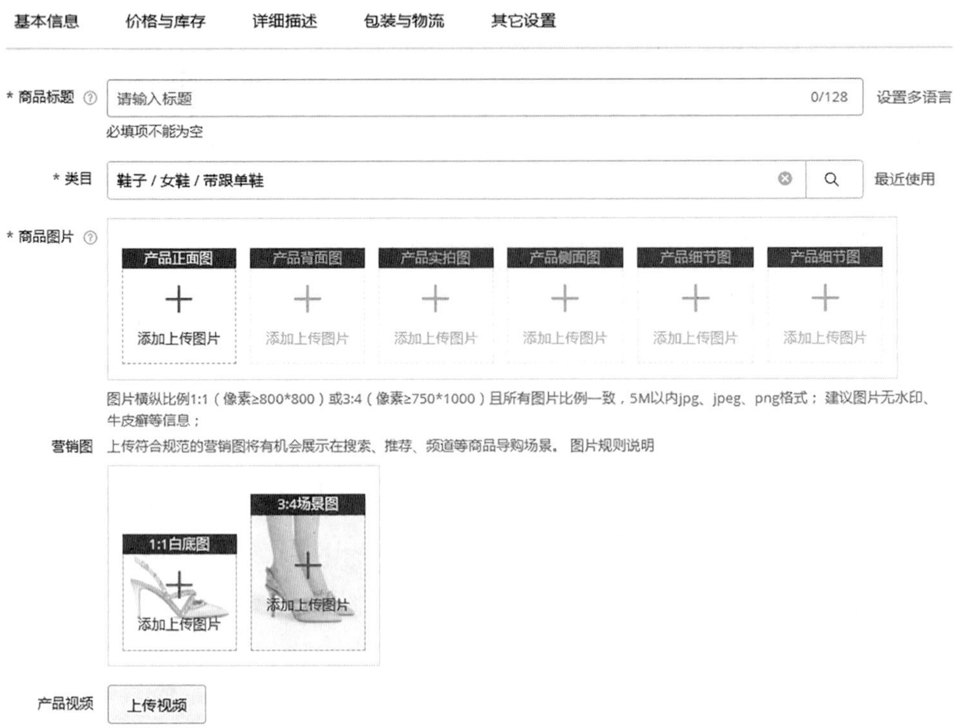

图 5-1-3　上传产品

（5）填写价格及库存（区域定价）等（图 5-1-4）。

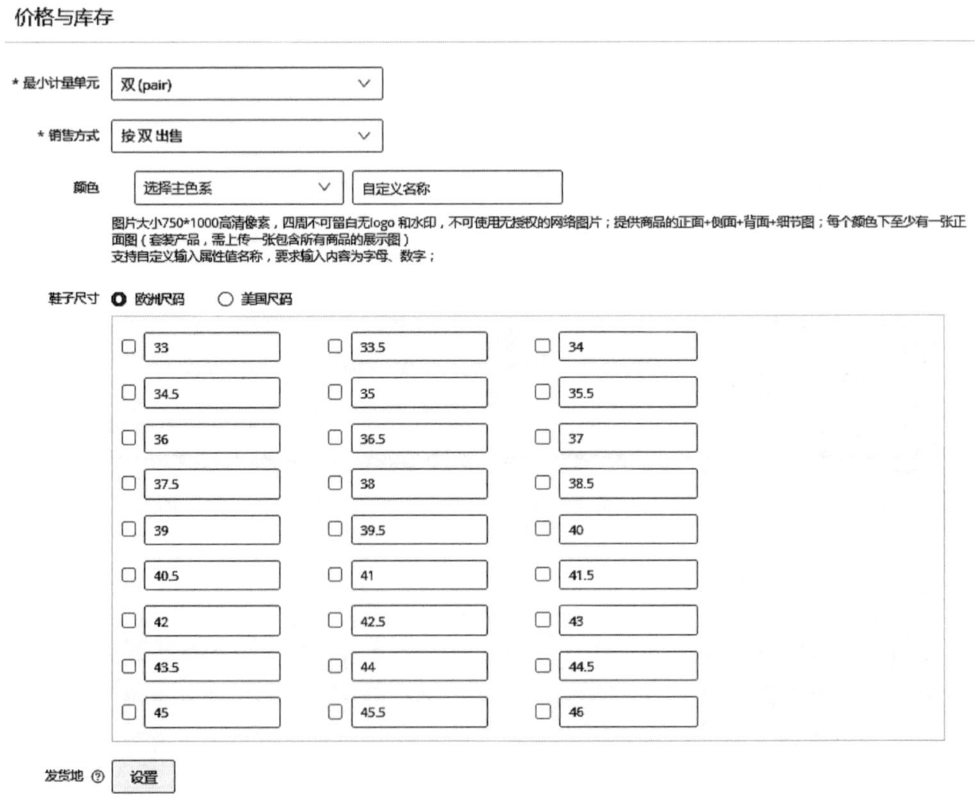

图 5-1-4　价格与库存

定价的技巧：可根据实际运费以及商品货值估算出成本价，然后再结合成本价加上利润率即可以得出产品的售卖价格。

（6）定价公式：

价格=国内成本/汇率*定价率/平台费率/（1－活动折扣）

完成商品的详情描述（PC 端及手机端）（图 5-1-5）。

图 5-1-5　商品详情描述（PC 端）

图 5-1-6 是移动端详描（**注：**PC 端和移动端可以互相导入）。

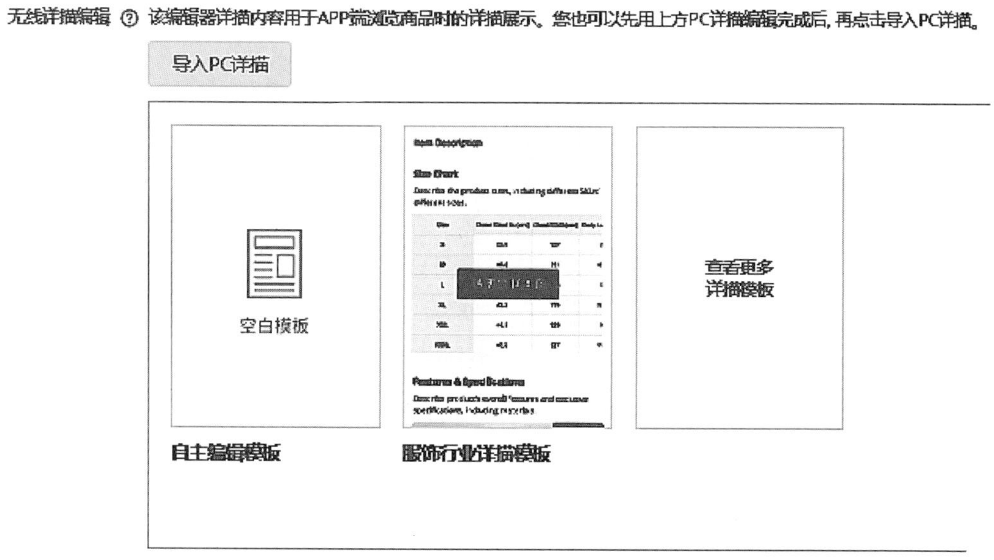

图 5-1-6　商品详情描述（移动端）

（7）最后在如图 5-1-7 所示的网页页面上填写物流信息及产品的分组信息后，点击“提交”或者“保存”，即完成商品发布。

注意：“提交”是产品直接上架，在店铺直接展示。“保存”是会保存到产品草稿箱的。

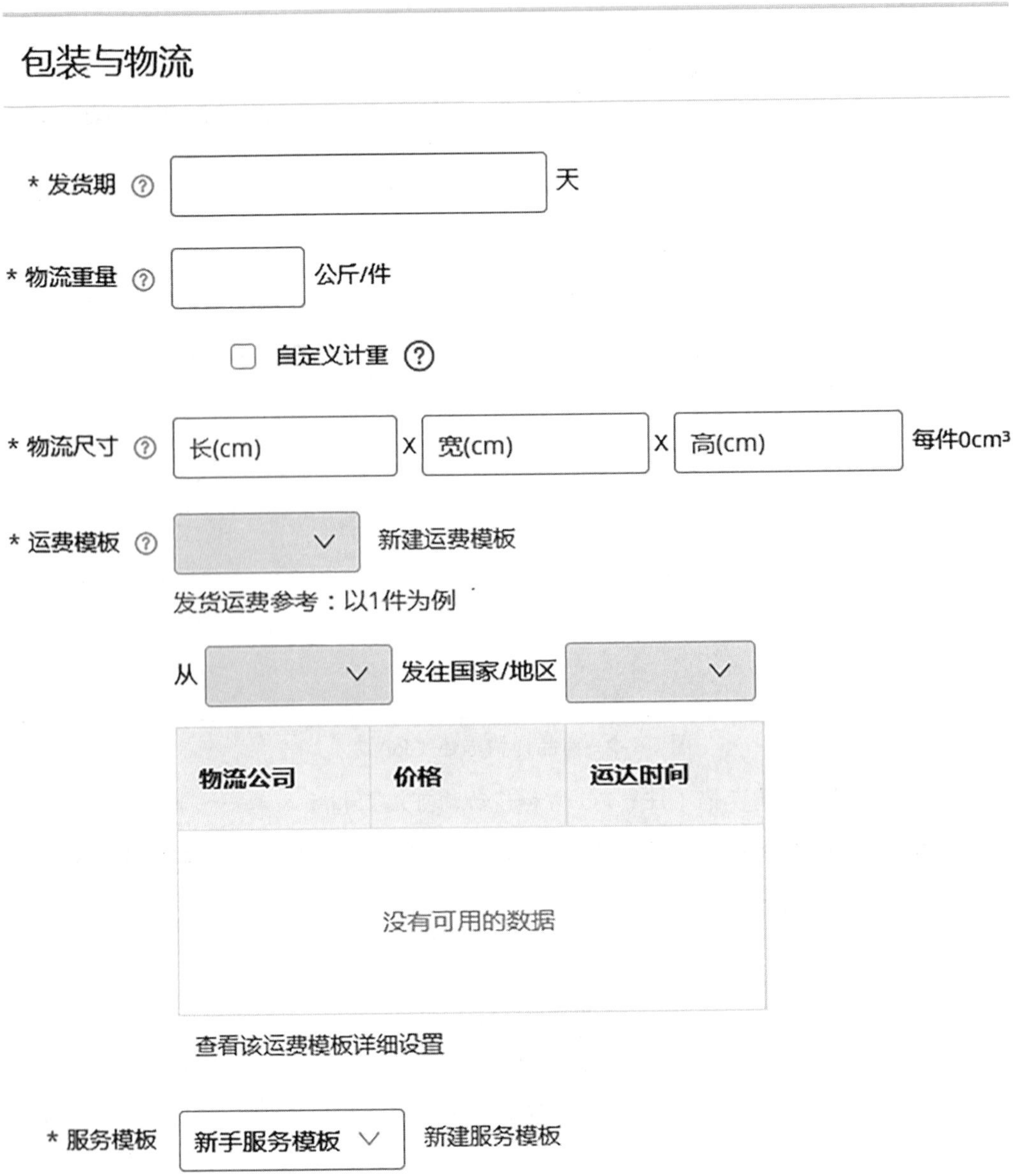

图 5-1-7　物流及产品发布信息

二、商品标题的制作逻辑

1．标题的重要性

大家都知道产品标题权重所占的比例是比较大的，特别站内通过关键词搜索，后台算法里面关键词得分占比最大。精准到位的关键词设置，会增加 Listing 被曝光的概率。

2．商品标题撰写的方法（逻辑）

写标题的一般公式：

公式一：品牌+型号+大类目词+重点功能词+长尾关键词+介词+支持设备

动画　写标题的万能公式 5-1

公式二：品牌+型号+大类目词+重点功能词+长尾关键词+比较词+同类热搜词

公式三：季节+性别+裙长+风格+材质+热搜词+商品型号

图 5-1-8 为优秀标题示例。

[redacted] 2020 Women Sandals Prints High Heels Summer Party Wedding Shoes Microfiber Woman Sexy Peep Toe Heels Pumps New Sandals

★★★★★ 4.8 ⌄ 109 Reviews 228 orders

图 5-1-8 优秀标题示例

一个产品标题如何去写，并且要写得规范，并不是说凑满 128 个字符就可以。具体有以下注意事项。

（1）切勿直接 Copy 他人标题。

有些产品看上去可能跟你的产品一样，实则一点都不一样。比如说你的蓝牙版本、某一个功能不一样等。除非真的是卖完全同质化产品，比如卖小米官方的产品，但是至少还是要改动下标题，比如加个你的品牌进去。

标题 Copy 对于自己的产品而言，没有任何帮助，因为对应 Copy 标题的产品，没有相应的竞争力和权重，其实等同于在增加竞品的曝光和点击，为他人做嫁衣。

（2）不要重复堆砌大量关键词。

大家都知道站内买家搜索、产品展现在很大程度上跟标题关键词相关，但是也不是说堆砌大量关键词，展示的概率就会大，其实反而会降低曝光量。并不是把最关键的核心词放进去即可，应参考上文中的标题公式。

（3）仔细去推敲、琢磨标题。

不要写完了，马上就直接发布，有时候就是因为很简单的一个单词，会直接导致纠纷退全款。比如标题产品型号与产品属性填写不一致，蓝牙版本跟说明书不一致等。

（4）后期要有意识去优化标题。

不管哪个平台，不管哪位大神，一个 Listing 上传之后，后期都是需要优化的。因为一开始上传时，对这个产品了解不是太多，后期会根据市场的一些变化以及客户的反馈，对 Listing 做一些调整。所以说优化是有必要的，是长期要坚持的工作。

电商要做好，想把这个领域深挖，就要有死磕到底的精神，同时要对数据敏感。数据就是优化的前提条件，因为一切优化工作都是参照数据来进行的，参照数据争取把优化做到极致，而不是凭空想象。

3．产品详情页的重要性

商品展示要有页面设计思路，要不断优化商品页面。

（1）产品详情页能够激发客户购买欲望。详情页中主要的是图片展示。图片要美观，但不能过度修饰，若造成其与产品本身相差甚大，不仅使得客户反感，还会失去大量客户。

（2）产品详情页聚焦产品的属性卖点和亮点。产品详情页布局中要贴合产品的卖点或亮点，紧密结合材质、功能、尺寸等产品信息以及客户搜索的关键词进行描述。

（3）产品详情页属于实力展现和信任强化区。产品详情页是核心的展示区域。要让客户真心地放心地购买产品，产品详情页必须展现企业的实力和产品的可信程度。一些相关证书等实力证明材料可放入产品详情页。

三、发布产品——搜索作弊的几种情况

发布产品时特别需要注意速卖通搜索作弊的几种情况，这几种情况比较容易发生在新手卖家中。

（一）信息展示类——商品滥发

（1）类目错放的定义。是指商品实际类别与发布商品所选择的类目不一致，如“布料”放到“婚纱”类目；赠品/补运费/补差价/VIP/Dropshipping 等特殊交易未放置到其他特殊类。这类错误可能导致网站前台商品展示在错误的类目下，平台会进行规范和处理，请商家检查错放产品的这类信息，进行修改，新发产品也要正确填写类目信息。

（2）类目错放的处罚。平台将对类目错放的商品采取调整搜索排名、删除商品、下架商品等措施；如违反搜索作弊规则的商品累积到一定量，平台将对店铺内全部商品或部分商品（包括违规商品和非违规商品）采取调整搜索排名的措施；情节严重的，平台将对店铺内所有商品进行屏蔽；情节特别严重的，平台将冻结账户或关闭账户。

（3）情景举例，包括但不限于以下类型。

① 类目错放举例 1：将表壳错放在表带类目下（图 5-1-9）。

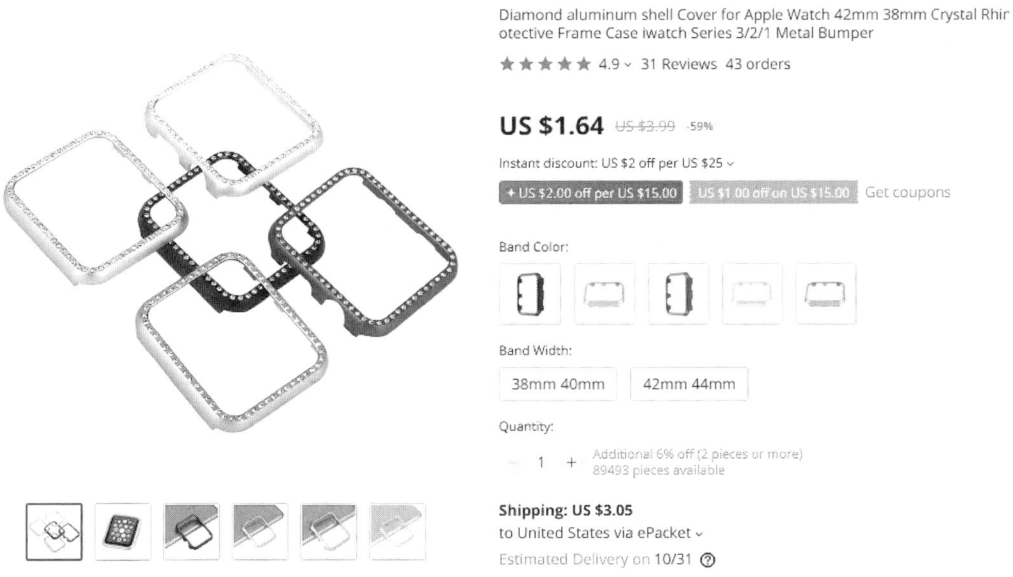

图 5-1-9 类目错放举例 1

② 类目错放举例 2：补邮费/差价/VIP 等结账专用链接。

针对特定客户的特殊订单链接及订单链接、补邮费/差价、补退款、结账专用链接、优惠券、定制化商品、定金、AE 礼品卡、赠品、手机充值、其他、海外仓储、预售

品等专拍链接，没有按规定放置到指定的特殊发布类目中。

如将补运费/差价链接放到 Tools 工具及其他类目，非 Special Category 特殊类目（图 5-1-10）。

图 5-1-10　类目错放举例 2

（二）标题描述违规

1．定　义

标题描述违规是指标题关键词滥用，如标题无明确产品名称、标题关键词堆砌、标题产品名与实际不符、标题与类目不符、标题品牌词与实际不符、标题件数与实际可购买件数不一致等。

2．标题描述违规的处罚

平台将对标题描述违规的商品采取调整搜索排名、删除商品、下架商品的措施；如违反搜索作弊规则的商品累积到一定量，平台将对店铺内全部商品或部分商品（包括违规商品和非违规商品）采取调整搜索排名的措施；情节严重的，平台将对店铺内所有商品进行屏蔽；情节特别严重的，平台将冻结账户或关闭账户。

3．情景举例，包括但不限于以下类型

（1）标题滥用。标题中出现与实际销售产品不符的关键词即关键词滥用。

举例：商品实际为 Hairpins 发夹，但是标题中却出现了 Headband 发带（图 5-1-11）。

（2）标题堆砌。商品标题描述中出现关键词重复使用多次。通常核心关键词一般不要超过 3 次。如标题中反复使用 Shoes 这一关键词（图 5-1-12）。

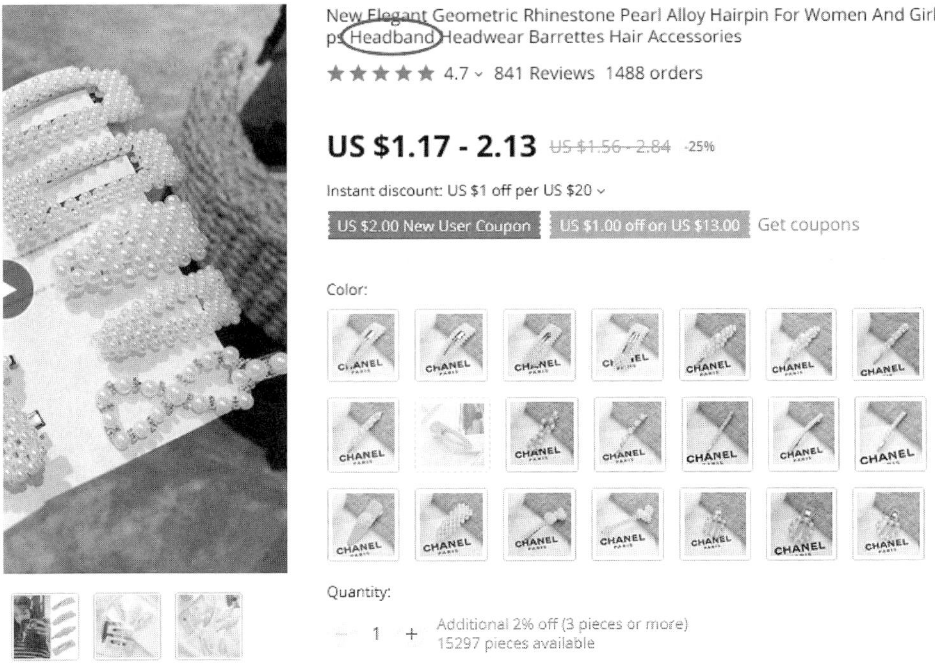

图 5-1-11　标题滥用

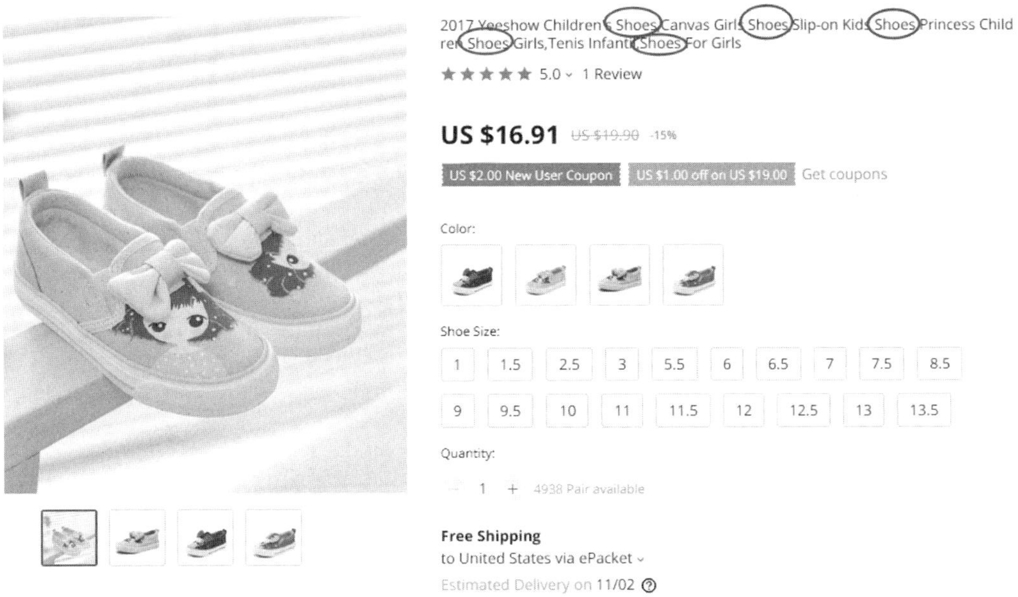

图 5-1-12　关键词重复

（三）属性错选

1. 定　义

属性错选是指发布的商品虽然类目选择正确，但选择的属性与商品的实际属性不一致。

这类错误可能导致网站前台商品展示在错误的属性下，平台将予以规范和处理，请商家检查错放产品的这项信息，进行修改，新发产品正确填写属性信息。

2. 属性错选的处罚

平台将对属性错选的商品采取调整搜索排名、删除商品、下架商品的措施；如违反搜索作弊规则的商品累积到一定量，平台将对店铺内全部商品或部分商品（包括违规商品和非违规商品）采取调整搜索排名的措施；情节严重的，平台将对店铺内所有商品进行屏蔽；情节特别严重的，平台将冻结账户或关闭账户。

3. 情景举例，包括但不限于以下类型

属性错选举例。该商品的领型为圆领，但是用户在发布时选择了“V 领”属性（见图 5-1-13）。

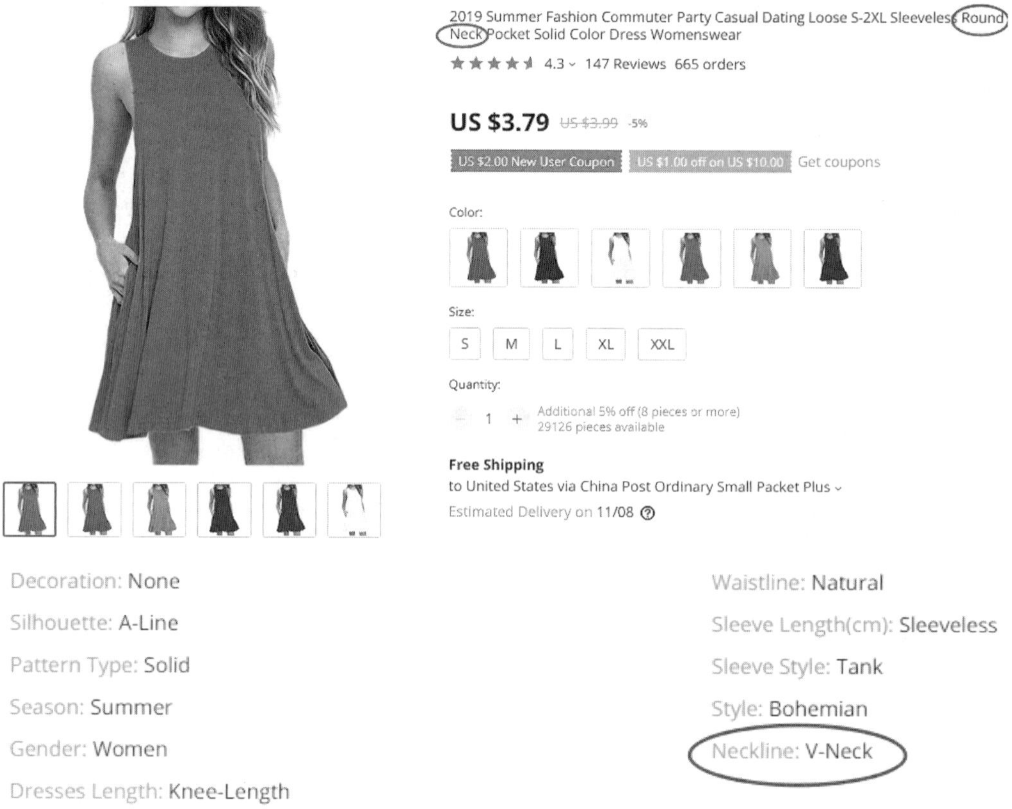

图 5-1-13 属性错选举例

（四）重复铺货

1. 定 义

重复铺货是指发布的产品信息与在同个店铺内或在同个卖家/平台基于多重特征认定的同个主体开立的其他店铺内已发布的产品信息完全相同或主要产品信息（如图片、标题、价格、属性等）雷同。

请卖家切勿重复铺货。卖家发布商品时应避免直接引用已有商品的主图或者直接拷贝已有商品的标题和属性；卖家发布商品时除了在主图上体现差异外，请同时在标题、属性、详细描述等方面填写商品的关键信息。

2．重复铺货的处罚

平台将对重复铺货的商品采取调整搜索排名、删除商品、下架商品的措施；如违反搜索作弊规则的商品累积到一定量，平台将对店铺内全部商品或部分商品（包括违规商品和非违规商品）采取调整搜索排名的措施；情节严重的，平台将对店铺内所有商品进行屏蔽；情节特别严重的，平台将冻结账户或关闭账户。

3．情景举例，包括但不限于以下类型

（1）重复铺货举例 1：主图一致，重复铺货。

举例：同个店铺同件商品，商品主图完全相同，但标题、属性、价格等信息高度雷同，视为重复铺货。如图 5-1-14 所示的是同一件商品。

（a）

（b）

图 5-1-14　重复铺货举例 1

（2）重复铺货举例 2：不同角度/背景/颜色等重复铺货。

举例：同个店铺同件商品，只是主图拍摄角度或背景不同，但标题、属性、价格等信息高度雷同，视为重复铺货，如图 5-1-15 中的袜子视为重复铺货。

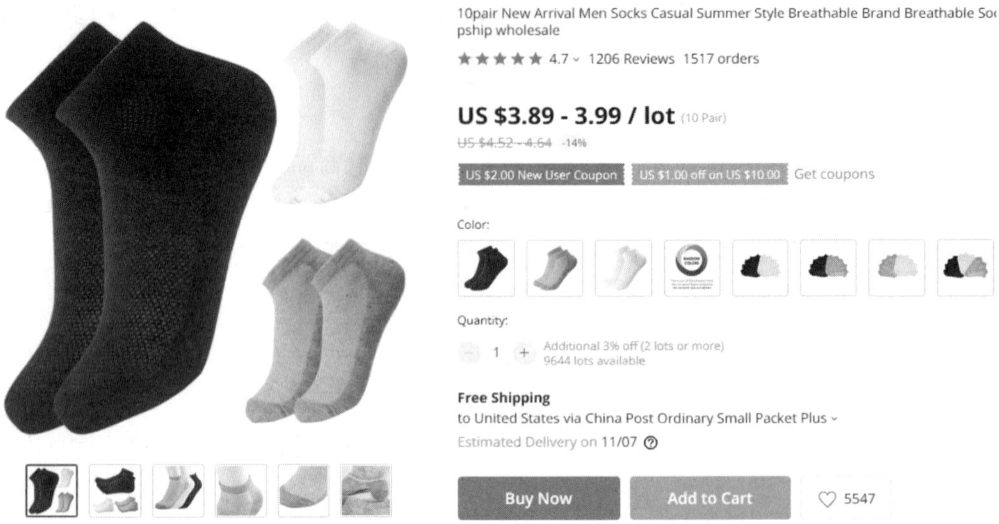

（a）

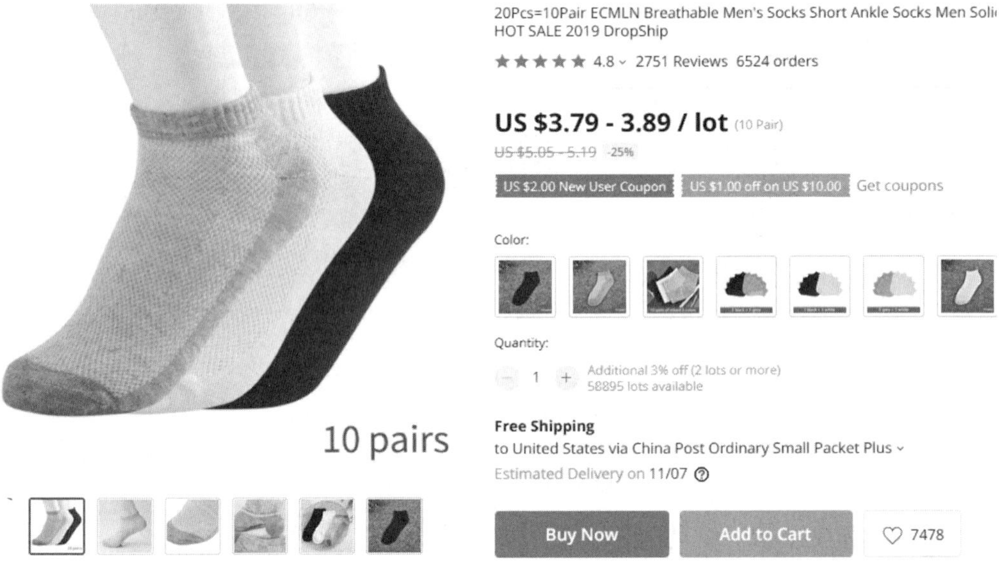

（b）

图 5-1-15　重复铺货举例 2

（3）重复铺货举例 3：同个卖家/平台基于多重特征认定的同个主体开设的多家店铺售卖重复商品。

举例：商品主图为不同颜色的主图，但标题、属性、价格等信息高度雷同，视为重复铺货。如图 5-1-16 展示的毛衣商品主图为不同颜色的主图，但其他信息高度雷同，视为重复铺货。

（a）

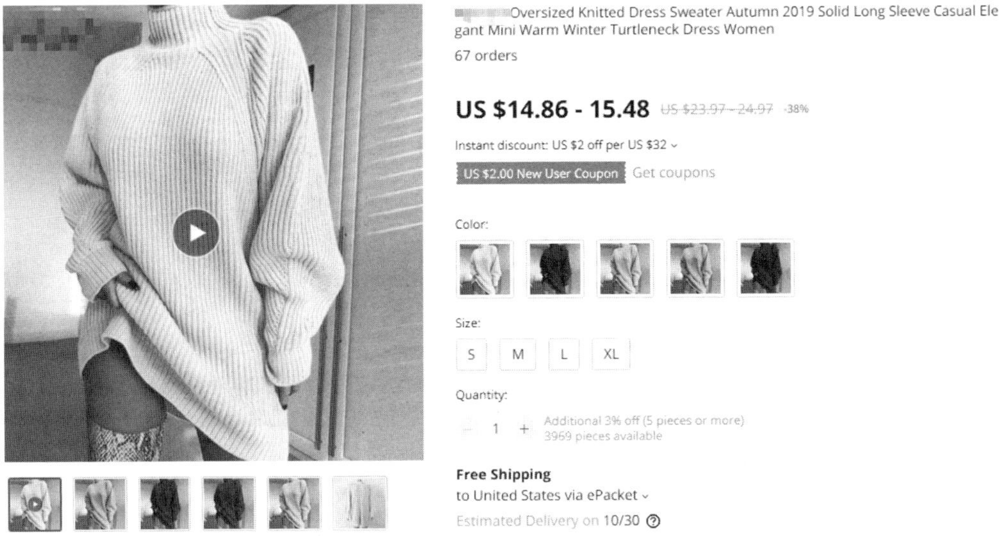

（b）

图 5-1-16　重复铺货举例 3

（五）其他信息描述不合规

1. 定　义

其他信息描述不合规是指商品信息展示不规范，但不构成前述类目错放、标题描述违规、属性错选、重复铺货的行为，包括：① 商品主图内容不规范，如图片纯文字、图片容易引起不适等；② 商品计量单位明显与常规销售方式不一致，如鞋子按只卖；③ 发布的件数与实际可买件数不一致，如发布件数为 100 PCS/Lot，但实际可买件数只有 50 PCS 等容易引起买家投诉的行为。

2．其他信息描述不合规的处罚

平台将对其他信息描述不合规的商品采取调整搜索排名、删除商品、下架商品的措施；如违反搜索作弊规则的商品累积到一定量，平台将对店铺内全部商品或部分商品（包括违规商品和非违规商品）采取调整搜索排名的措施；情节严重的，平台将对店铺内所有商品进行屏蔽；情节特别严重的，平台将冻结账户或关闭账户。如果其他信息描述不合规亦构成《全球速卖通平台规则（卖家规则）》第八十六条第（六）款规定的其他不当发布行为，平台亦有权根据第八十六条第（六）款对卖家进行处罚。

四、价格作弊

（一）产品超低价

1．定　义

产品超低价是指卖家以较大偏离正常销售价格的低价发布商品。

2．产品超低价的处罚

平台将对产品超低价的商品采取调整搜索排名、删除商品、下架商品的措施；如违反搜索作弊规则的商品累积到一定量，平台将对店铺内全部商品或部分商品（包括违规商品和非违规商品）采取调整搜索排名的措施；情节严重的，平台将对店铺内所有商品进行屏蔽；情节特别严重的，平台将冻结账户或关闭账户。

如果卖家存在大量产品超低价的违规行为，平台亦有权根据《全球速卖通“严重恶意超低价”规则》对卖家进行处罚。

3．情景举例，包括但不限于以下类型

产品超低价举例：正常 30 美金以上的商品，以较大偏离正常销售价格的低价发布销售（见图 5-1-17）。

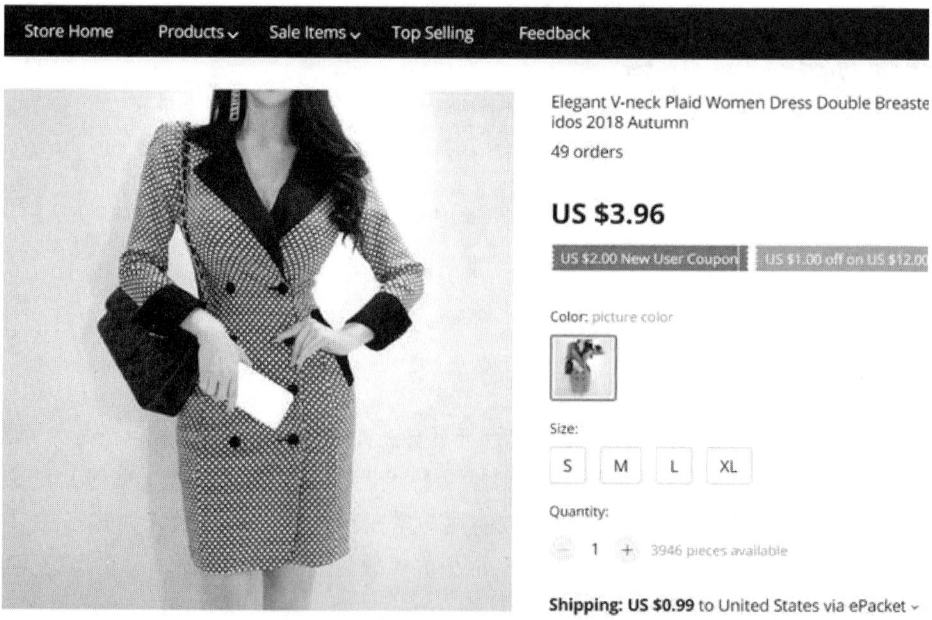

图 5-1-17　产品超低价举例

（二）产品超高价

1. 定 义

产品超高价是指卖家以较大偏离正常销售的价格的高价发布商品。

2. 产品超高价的处罚

平台将对产品超高价的商品采取调整搜索排名、删除商品、下架商品的措施；如违反搜索作弊规则的商品累积到一定量，平台将对店铺内全部商品或部分商品（包括违规商品和非违规商品）采取调整搜索排名的措施；情节严重的，平台将对店铺内所有商品进行屏蔽；情节特别严重的，平台将冻结账户或关闭账户。

3. 情景举例，包括但不限于以下类型

产品超高价举例：Bikinis Set 售价不正常，极大偏离正常销售价格（见图 5-1-18）。

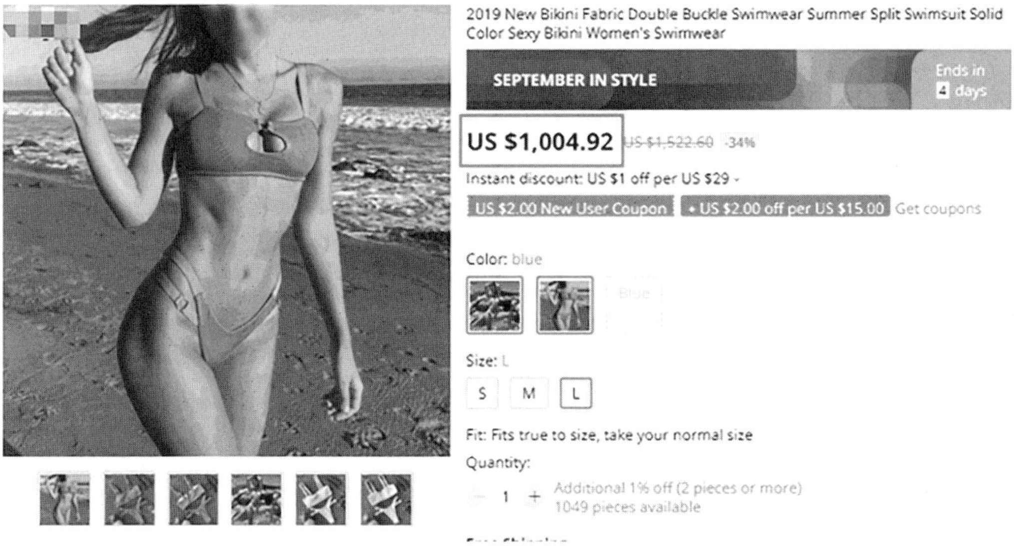

图 5-1-18　产品超高价举例

（三）运费倒挂

1. 定 义

运费倒挂是指商品本身设置较低的价格，但是运费设置偏离正常运费的高价。

2. 运费倒挂的处罚

平台将对运费倒挂的商品采取调整搜索排名、删除商品、下架商品的措施；如违反搜索作弊规则的商品累积到一定量，平台将对店铺内全部商品或部分商品（包括违规商品和非违规商品）采取调整搜索排名的措施；情节严重的，平台将对店铺内所有商品进行屏蔽；情节特别严重的，平台将冻结账户或关闭账户。

3. 情景举例，包括但不限于以下类型

运费倒挂举例：运费超高，容易引起买家投诉（见图 5-1-19）。

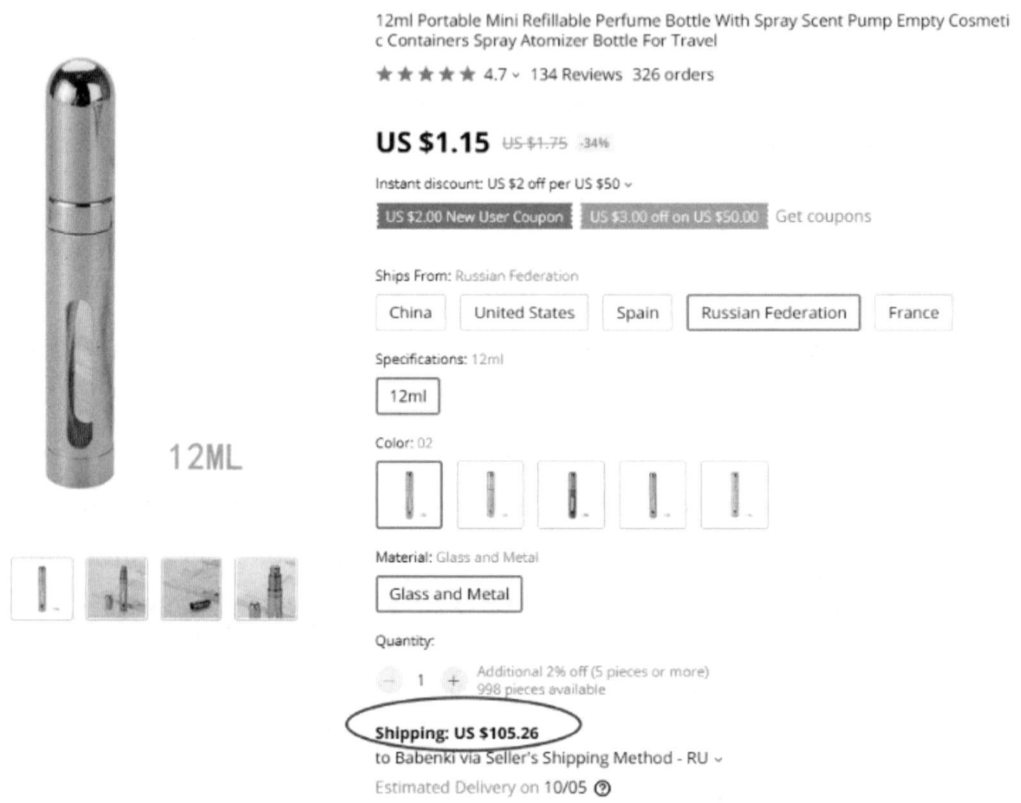

图 5-1-19 运费倒挂

（四）SKU 作弊

1．定　义

SKU 作弊是指卖家滥用 SKU 的设置功能（如以非常规方式设置规格、数量、单位、邮费等信息，或通过 SKU 的设置变更关键商品要素）发布偏离正常价格的高价或低价的 SKU，或不支持出售（包括不支持按常规方式出售）或到达的 SKU。

动画 什么是 SKU 作弊 3-2

2．SKU 作弊的处罚

平台将对 SKU 作弊的商品采取调整搜索排名、删除商品、下架商品的措施；如违反搜索作弊规则的商品累积到一定量，平台将对店铺内全部商品或部分商品（包括违规商品和非违规商品）采取调整搜索排名的措施；情节严重的，平台将对店铺内所有商品进行屏蔽；情节特别严重的，平台将冻结账户或关闭账户。

如果 SKU 作弊亦构成《全球速卖通平台规则（卖家规则）》第八十六条第（六）款规定的其他不当发布行为，平台亦有权根据第八十六条第（六）款对卖家进行处罚。

3．情形分类举例，包括但不限于以下类型

（1）案例 1：零库存 SKU：SKU 设置 0 库存，用户无法购买的情形（见图 5-1-20）。

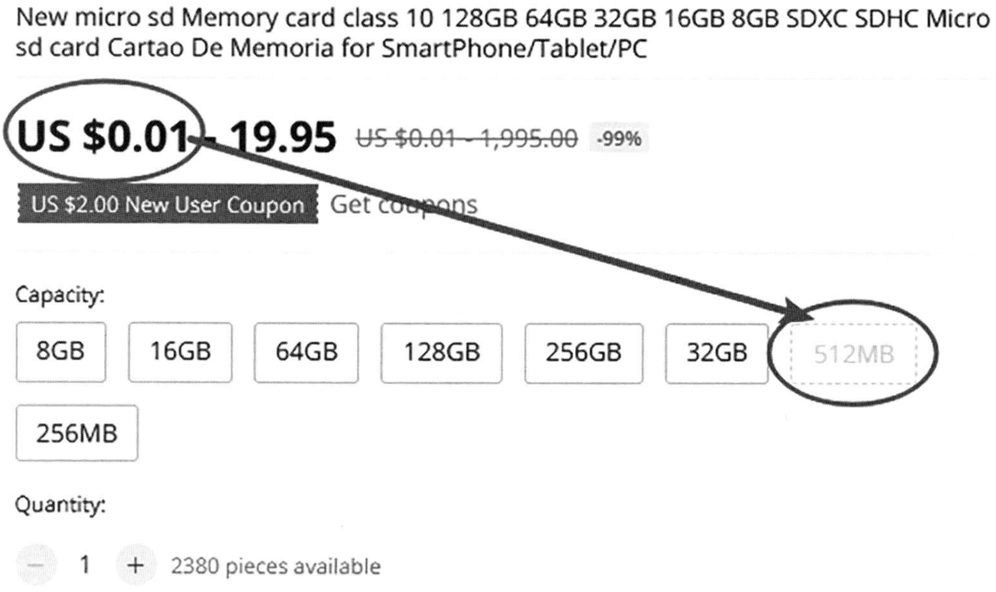

图 5-1-20 零库存 SKU

（2）案例 2：无实物 SKU：设置无实物 SKU，如无实物图片、无实际尺寸，SKU 描述为“运费”或“None”“Other”等不明确词。

举例：无实际尺寸的 SKU 设置最低价引流（见图 5-1-21）。

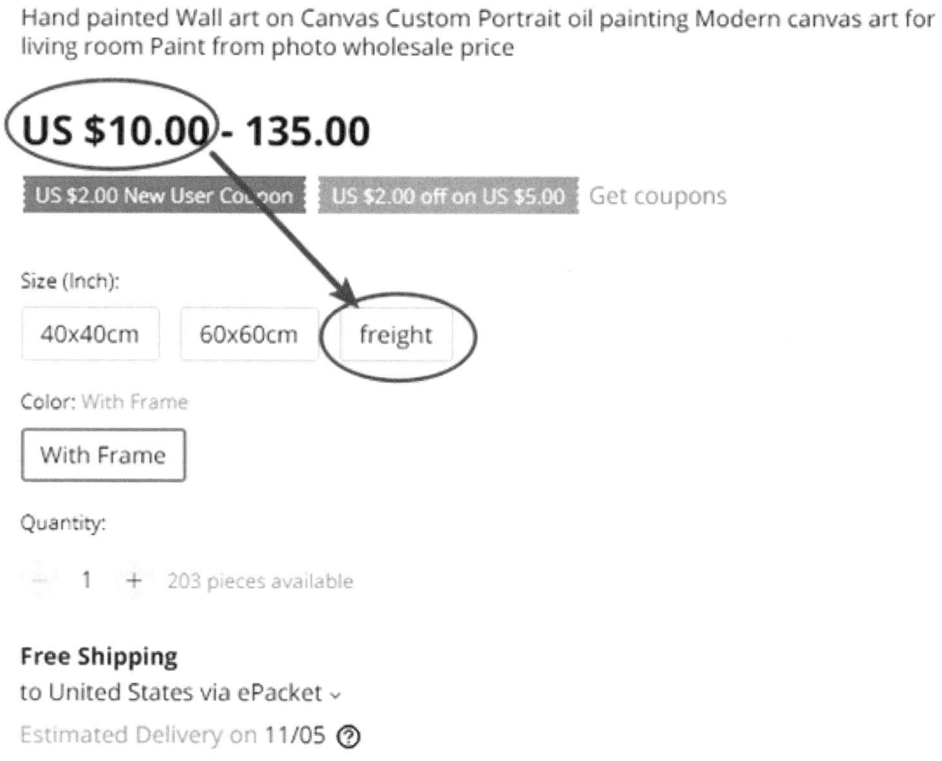

图 5-1-21 无实物 SKU

（3）案例 3：不同类目的 SKU：将分属不同类目的商品（如主件和零配件、套装和单品、上衣和裤子）同时放在一个商品的 SKU 里（见图 5-1-22）。

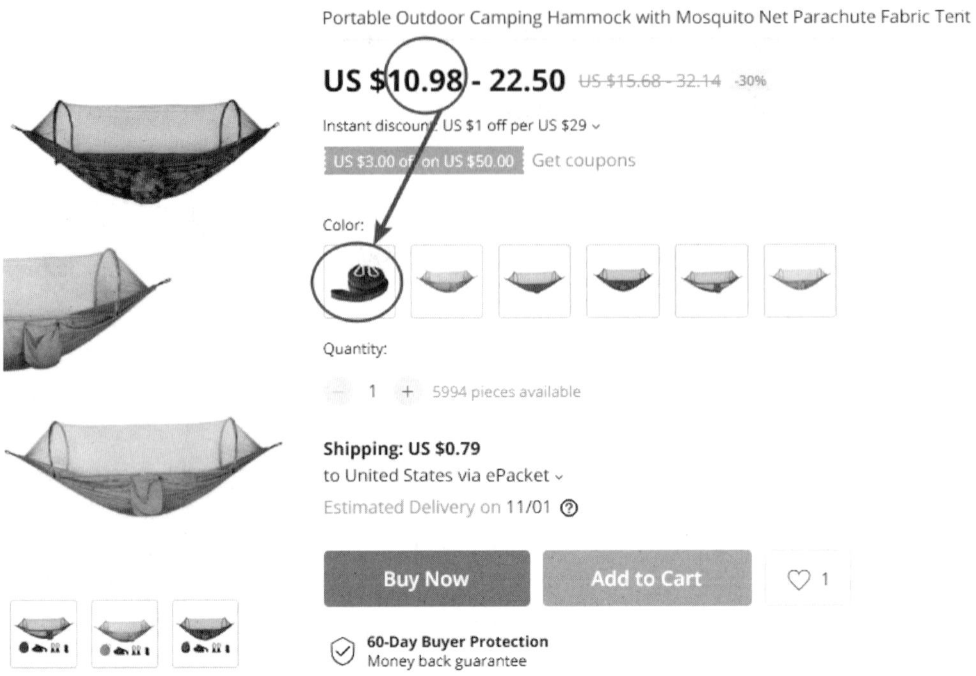

（a）

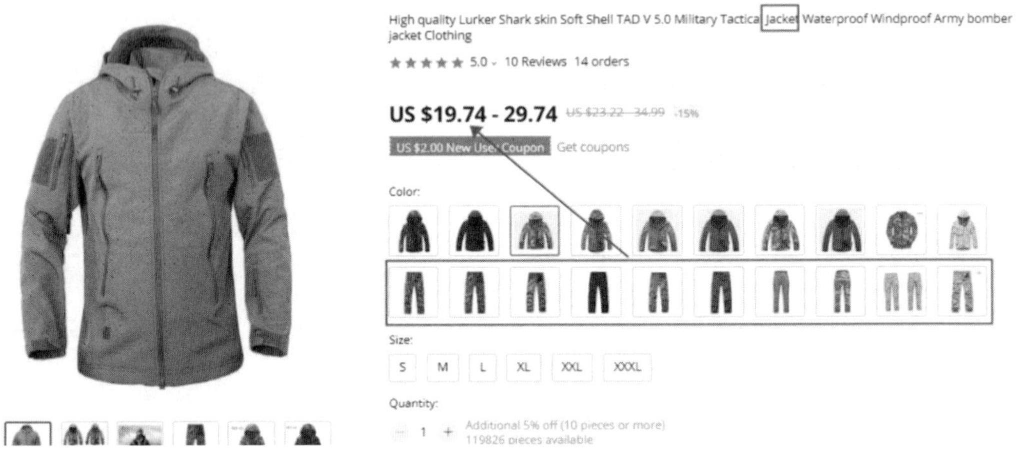

（b）

图 5-1-22　不同类目 SKU

（4）案例 4：不同功能/材质/不同款 SKU：将分属不同功能/材质/不同款式且价格相差较大的商品（如电动和非电动、PU 皮和真皮、高配版和低配版）放在同一个商品的 SKU 里。例如：将不同功能产品放在一起且利用低价款引流（见图 5-1-23）。

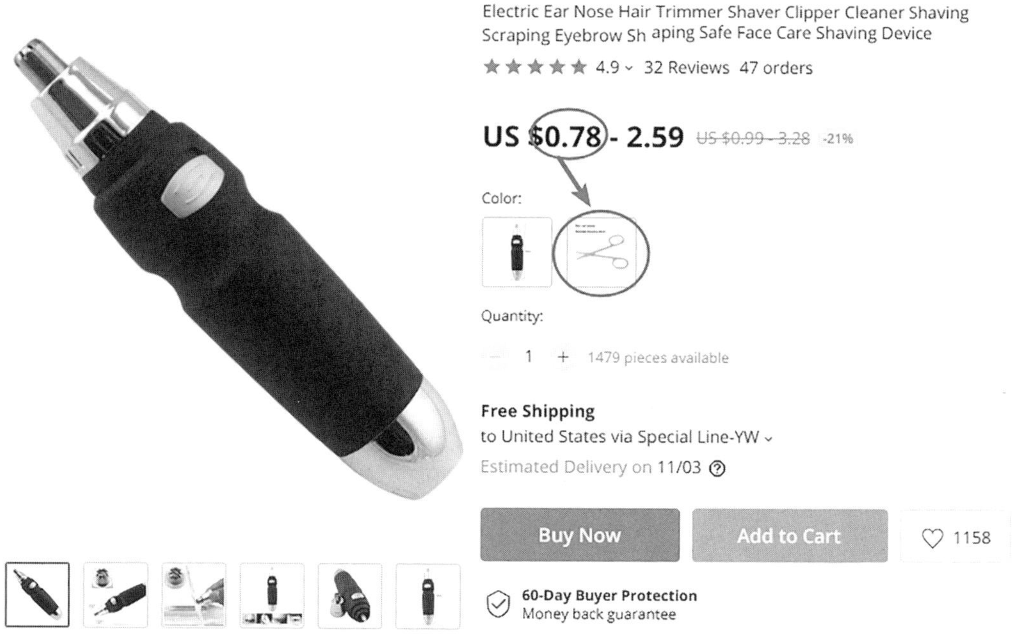

图 5-1-23　不同功能/材质/不同款 SKU

（5）案例 5：海外仓 SKU 作弊：设置海外仓的商品无法到达海外仓所属国家，或通过海外仓设置实现运费倒挂等。如 Ship from 选美国，但无法运到美国（见图 5-1-24）。

图 5-1-24　海外仓 SKU 作弊

举例：通过海外仓设置实现运费倒挂，如同样的款式、尺寸，从中国发货的商品价格为 10.08 美元、零运费；从美国发货的商品价格为 5.11 美元、运费至美国为 12.62

美元，从美国发货的商品价格为 5.11 美元但无法送达除美国以外国家（价格仅为展示），见图 5-1-25。

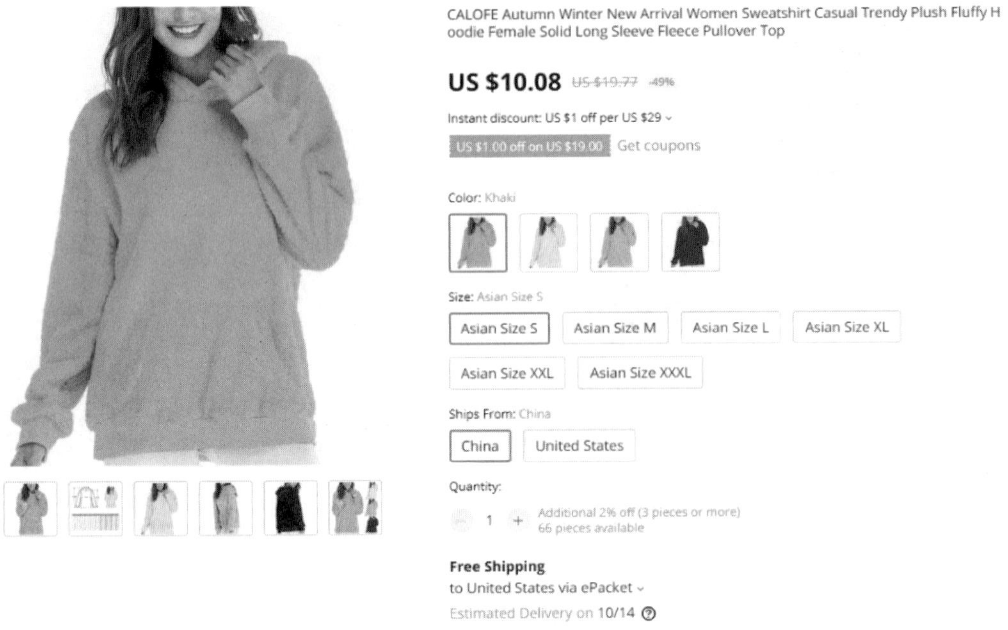

（a）

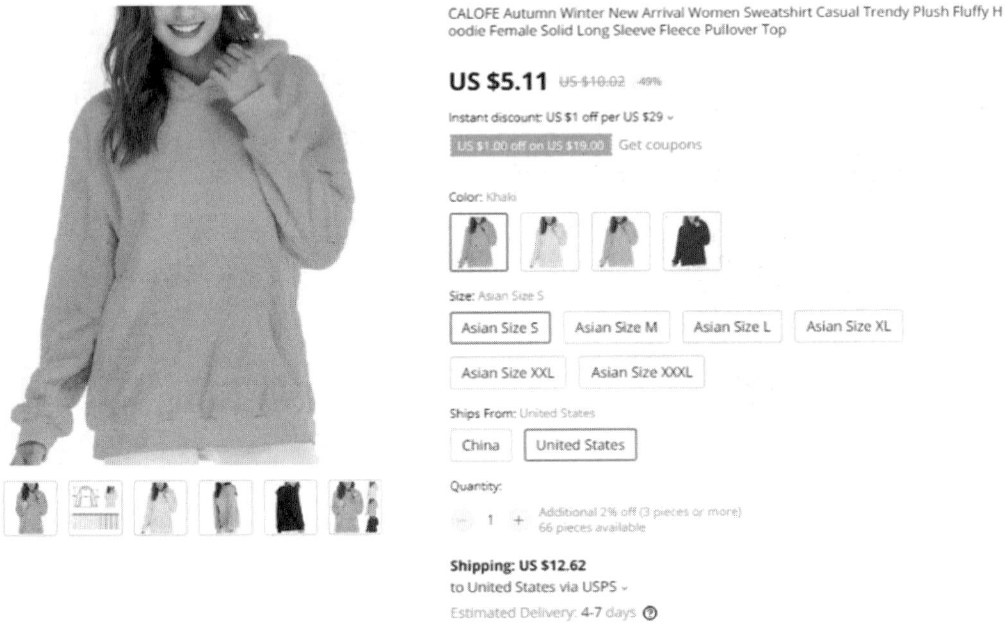

（b）

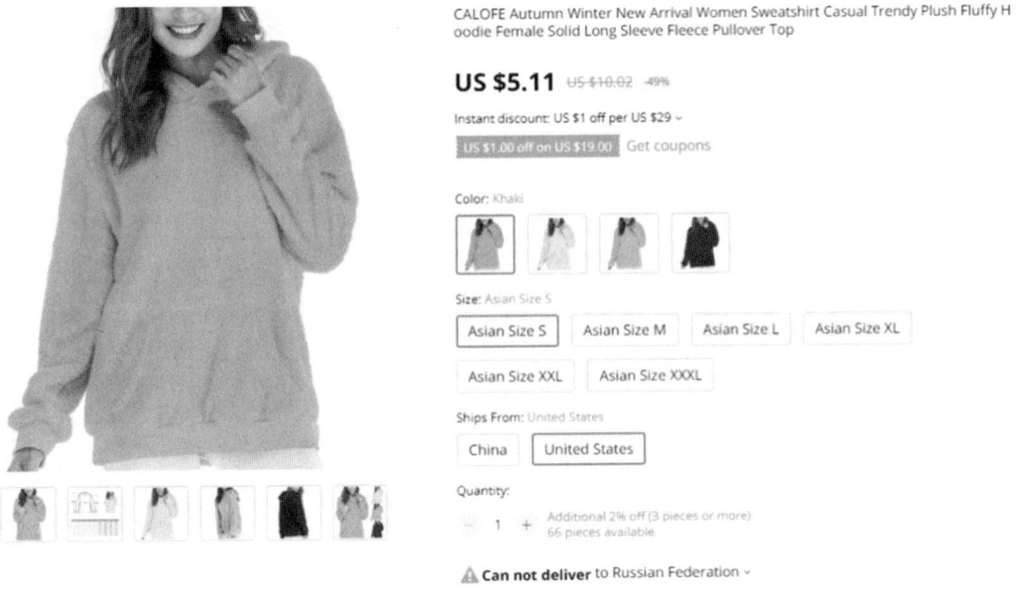

（c）

图 5-1-25 运费倒挂

（6）案例 6：价格异常 SKU：设置部分价格异常 SKU，明显超高或超低 SKU 价格。如正常尺码及颜色为 1 美金，其他个别尺码及颜色为 40 多万美金（见图 5-1-26）。

图 5-1-26 价格异常 SKU

（7）案例 7：不同计量单位的 SKU：把计量单位（如件数）放在非计量单位的 SKU 中且价差大，或以非常规的计量单位发布，如在颜色属性中不放置颜色，而是放不同件数，且价差较大；将按双数卖的商品在 SKU 中分别放置单数和双数的 SKU 属性，见图 5-1-27。

举例：Color 属性设置不同件数，价差大，最低价与主图展示配置不符，容易引发用户投诉（见图 5-1-28）。

图 5-1-27　不同计量单位的 SKU 举例 1

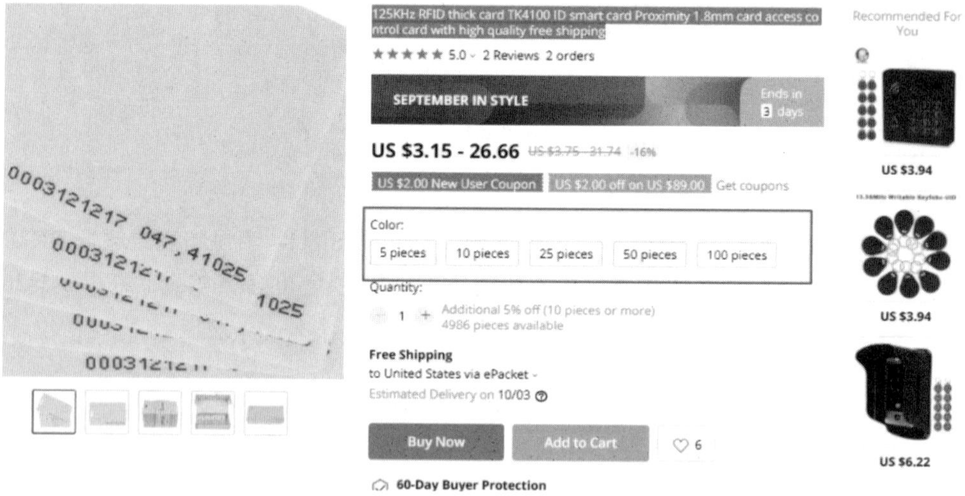

（a）

（b）

图 5-1-28　不同计量单位的 SKU 举例 2

举例：常规按双卖的商品将一只和一双放在同一个商品链接（见图 5-1-29）。

图 5-1-29 单双错放

（8）其他任何非常规 SKU 设置且价差较大，影响用户搜索购买体验的行为。

任务实施

活动 1：编写商品标题。
活动 2：设计策划商品展示页。
活动 3：将商品发布到跨境电商店铺。

【学习笔记】

任务 5-2　店铺数据化运营

任务目标

知识目标：

1. 了解店铺数据分析的思路与路径；
2. 熟悉商品详情页设计逻辑。

技能目标：

1. 能运用店铺数据，分析相关数据；
2. 能策划商品图文并完成详情页制作与优化。

工作任务

1. 掌握数据分析的各种路径，做出数据分析；
2. 完成商品详情页制作。

相关知识

一、平台首页分析

首先，通过数据分析可以了解产品的市场行情，知道产品适不适合速卖通，每天有多少人在搜索这个产品，进而预估产品的市场潜力。

第一步：可以在平台搜索该类目的产品。

从图 5-2-1 的截图中我们可以分析客户价格段的占比、商品的评价、销量、是否活动中及是否包邮。这样可以了解市场的情况，从而完成产品定位（风格化、性价比、低客单等）。

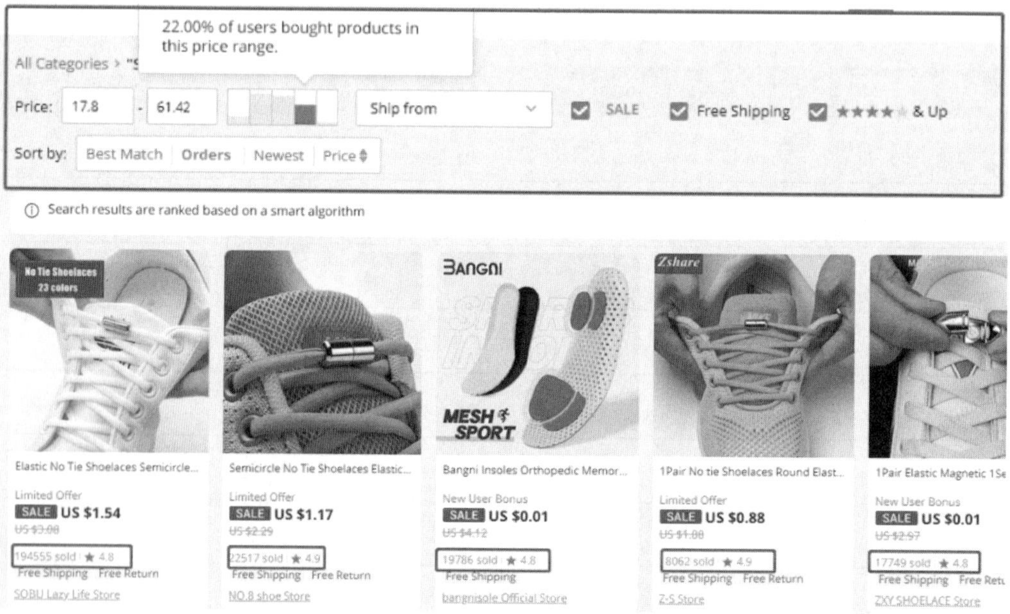

图 5-2-1　产品搜索　产品搜索

二、店铺后台市场分析

（一）数据化选品

选品是解决卖什么的问题，选品做得好，店铺的运营就有了基础。产品都是有目标人群的，选品其实就是选产品背后的目标人群，数据化选品就是通过线上平台数据工具或者站外的数据工具，从不同维度对产品进行分析，匹配自身条件，选择适合商家自己的商品。

（二）通过速卖通平台工具进行数据化选品

在速卖通的后台生意参谋——市场，我们能够获取市场大盘、国家分析和选品分析的数据。

1．市场大盘

具体选择行业类目进行分析，可了解到最近30天的各项数据、行业构成及主要面向国家。

2．国家分析

从网页截图5-2-2中可以分析各个国家的GMV（高低速）支付金额占比，从而分析自己店铺主要面向的国家。

3．搜索分析

从热搜词、飙升词、零少词中可分析产品分布、搜索占比、搜索人气以及搜索国家。

统计时间（美国太平洋时间）2021-10-13～2021-11-11　30天　60天　90天

机会国家　单国家分析　商品研究　鞋子　所有平台

国家分析

高GMV高增速

国家&地区	支付金额占比	上升指数	物流天数
俄罗斯	19.08%	1,465	19
西班牙	8.01%	1,474	12
法国	7.78%	1,228	13
以色列	5.68%	1,314	22
英国	4.21%	1,206	15
大韩民国	2.33%	1,450	12
乌克兰	2.12%	1,349	25
智利	2.28%	1,206	16
德国	2.03%	1,241	14
日本	1.72%	1,213	16

高GMV低增速

国家&地区	支付金额占比	上升指数	物流天数
新西兰	0.41%	1,142	27
白俄罗斯	0.48%	1,161	29
波兰	1.11%	1,073	21
瑞士	1.00%	1,186	18
澳大利亚	1.38%	1,040	21
墨西哥	1.51%	1,142	21
荷兰	2.00%	1,171	14
加拿大	2.06%	1,160	23
意大利	2.08%	1,188	19
巴西	3.45%	1,010	19

低GMV高增速

国家&地区	支付金额占比	上升指数	物流天数
拉脱维亚	0.35%	1,575	22
哈萨克斯坦	0.34%	1,231	38
秘鲁	0.30%	1,215	23
越南	0.13%	2,769	23
印度尼西亚	0.25%	1,200	17
摩洛哥	0.19%	1,530	28
斯洛伐克共和国	0.19%	1,234	23

低GMV低增速

国家&地区	支付金额占比	上升指数	物流天数
丹麦	0.12%	937	25
巴基斯坦	0.13%	1,060	52
匈牙利	0.13%	1,163	24
新加坡	0.13%	1,156	15
瑞典	0.14%	1,167	22
卡塔尔	0.16%	1,037	29
罗马尼亚	0.18%	1,042	34

图 5-2-2　国家分析的数据

4．选词专家

分析行业类目的热搜词、飙升词、零少词，查看最近 30 天的趋势，优化店铺产品。

5．选品专家

明确主推品类、细分品类的竞争热力图（参见图 5-2-3）。

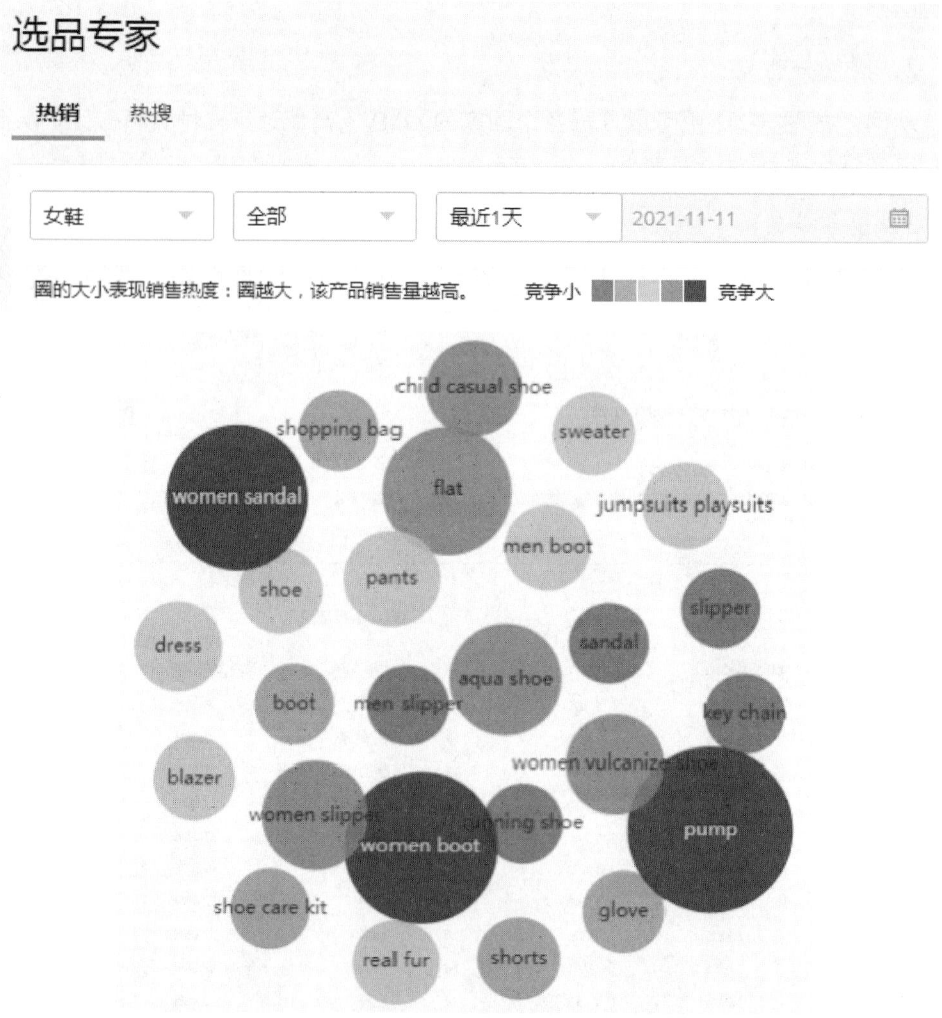

图 5-2-3　选品专家

三、店铺数据分析

首先从店铺流量看板中（图 5-2-4）分析自己店铺的核心指标数据，每天的访客、成交、加购等数据，然后从很多流量分布的国家中分析店铺内主要国家的客户占比（图 5-2-5）。

（a）

流量分布

国家/地区　行业

最近1天　2021-11-11　所有平台

国家/地区	访客数	访客数占比	支付转化率	客单价	操作
俄罗斯	7,041		3.76%	60.47	趋势
乌克兰	1,164		3.01%	59.39	趋势
美国	561		1.78%	103.02	趋势
法国	362		0.83%	73.17	趋势
西班牙	359		1.39%	59.96	趋势
白俄罗斯	319		1.88%	69.32	趋势
波兰	239		0.42%	64.84	趋势
哈萨克斯坦	217		0.92%	99.47	趋势

（b）

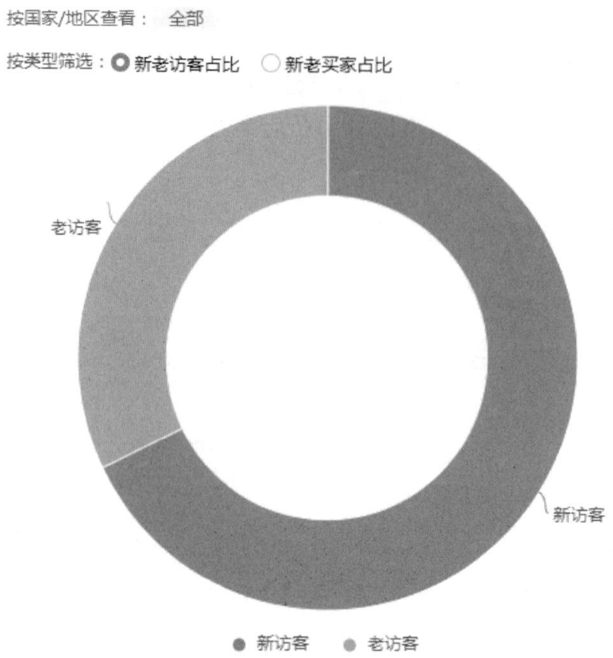

（c）

图 5-2-4 店铺核心指标

流量来源

店铺来源承接 离店页面排行

全部 APP 全部访客 最近1天 2021-11-11

来源分布

最近1天来源分布

流量来源	访客数	访客数占比	下单转化率
推荐	6,150		0.31%
基础工具	1,901		13.57%
间接站外流量	1,211		0.83%
其它	1,094		3.66%
搜索	727		1.79%
直接站外流量	315		1.90%
会场	261		0.77%
社交	56		0.00%
导购频道	40		0.00%
内容	39		0.00%

（a）

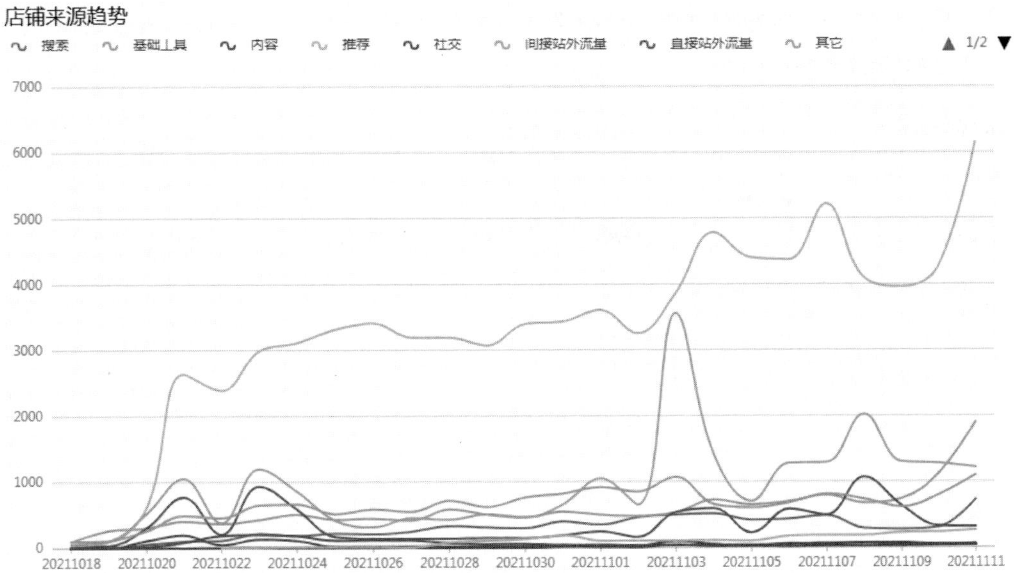

（b）

图 5-2-5　流量来源

再通过店铺流量来源分析客户是通过什么方式进入店铺的（图 5-2-6）。

来源明细

ⓘ 转化效果（下单、支付、加购收藏等）归属于第一个进店渠道。如A当天通过5个渠道进店并产生一次成交，则成交金额只归入第一次进店渠道，另外4个渠道不作统计。点击此处查看来源详情

> 展开指标选择　　　　汇总数据下载　明细数据下载

来源	访客数	访客数占比	下单买家数	下单转化率	跳失率	操作
推荐	6,150 较前1日 ▲44.16%	52.15% 较前1日 ▲3.17%	19 较前1日 ▲0.00%	0.31% 较前1日 ▲0.00%	52.24% 较前1日 ▼1.60%	趋势
基础工具	1,901 较前1日 ▲69.73%	16.12% 较前1日 ▲21.46%	258 较前1日 ▲2766.67%	13.57% 较前1日 ▲1588.94%	34.40% 较前1日 ▼9.97%	趋势
间接站外流量	1,211 较前1日 ▼5.02%	10.27% 较前1日 ▼32.03%	10 较前1日 ▲233.33%	0.83% 较前1日 ▲250.95%	4.87% 较前1日 ▲88.24%	趋势
其它	1,094 较前1日 ▲37.61%	9.28% 较前1日 ▼1.52%	40 较前1日 ▲3900.00%	3.66% 较前1日 ▲2806.76%	42.60% 较前1日 ▼7.73%	趋势
搜索	727 较前1日 ▲136.81%	6.16% 较前1日 ▲69.46%	13 较前1日 ▲0.00%	1.79% 较前1日 ▲0.00%	47.87% 较前1日 ▲2.77%	趋势
直接站外流量	315 较前1日 ▼2.78%	2.67% 较前1日 ▼30.43%	6 较前1日 ▲0.00%	1.90% 较前1日 ▲0.00%	31.11% 较前1日 ▲57.50%	趋势
会场	261 较前1日 ▲11.54%	2.21% 较前1日 ▼20.18%	2 较前1日 ▲0.00%	0.77% 较前1日 ▲0.00%	50.96% 较前1日 ▲2.79%	趋势
社交	56 较前1日 ▲30.23%	0.47% 较前1日 ▼6.80%	0 较前1日 ▲0.00%	0.00% 较前1日 ▲0.00%	92.86% 较前1日 ▼4.93%	趋势
导购频道	40 较前1日 ▼14.89%	0.34% 较前1日 ▼39.10%	0 较前1日 ▲0.00%	0.00% 较前1日 ▲0.00%	60.00% 较前1日 ▼9.03%	趋势

图 5-2-6　来源明细

相较于前一日的数据对比。商品来源可以分析客户是通过什么商品进入店铺的，具体是哪些国家参见图 5-2-7。

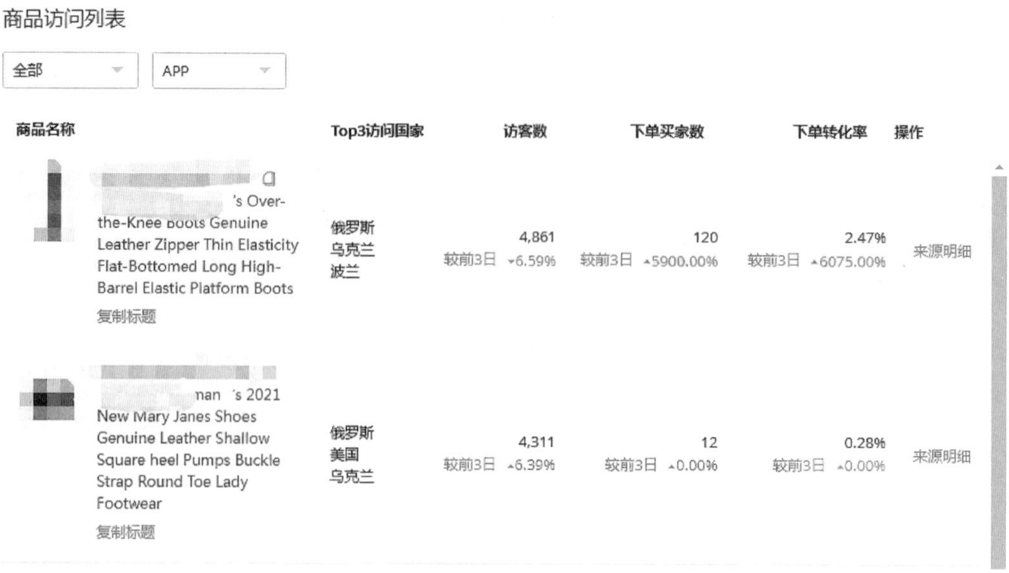

图 5-2-7　商品来源

商品排行可以分析出店铺主要的加购商品和具体商品的数据。

单品分析主要是针对店铺各个商品的核心数据分析，可分析商品的综合能力及商品的优化方向。

商品洞察，是店铺内的打标产品（图 5-2-8）。

动画　店铺来源和商品来源里面的流量来源统计逻辑是什么 5-2

图 5-2-8　商品洞察

四、店铺商品的优化

（一）品类分析

通过店铺内的“生意参谋”中的“品类”分析店铺内产品的单品数据，决定是否需要优化和优化的重点。从店铺首页的今日报告中分析，如图 5-2-9 所示。

图 5-2-9 单品数据分析

根据截图分析产品数据后，进行图文优化。

（二）图文规范

1．基本规范

图片尺寸：不小于 800PX × 800PX

图片比例：正方形（宽高比 1∶1）

图片格式：JPG、JPEG、PNG

支持大小：不超过 5MB

2．设计说明

（1）图片背景必须为纯白色或全透明；

（2）商品主体需居中正面展示，与四边保持一定间距，建议不小于 50PX；

（3）允许表达多 SKU、套装、配件等产品属性信息，需保证产品主体清晰可识别。

（三）正确白底图示范（以女装为例）

（1）错误白底图示范（图 5-2-10）。

（a）

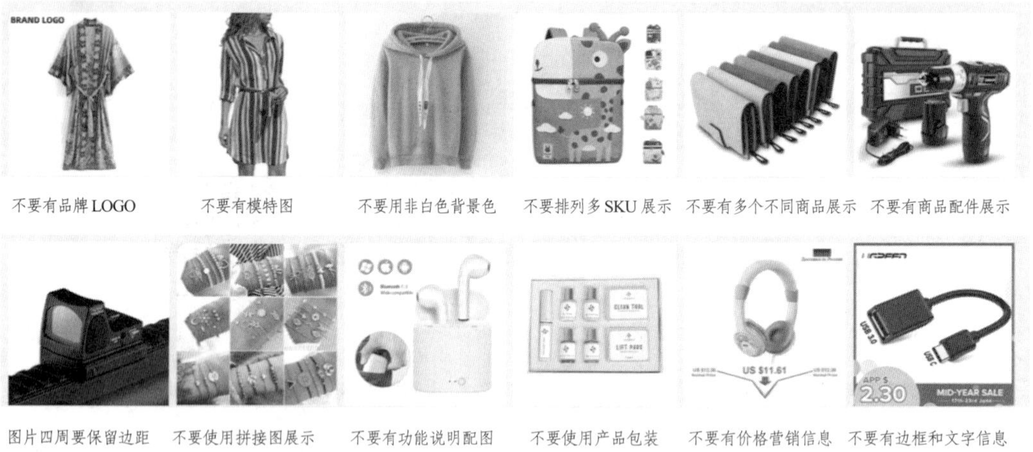

（b）

图 5-2-10　错误白底图示范

（2）后台上传入口（图 5-2-11）。

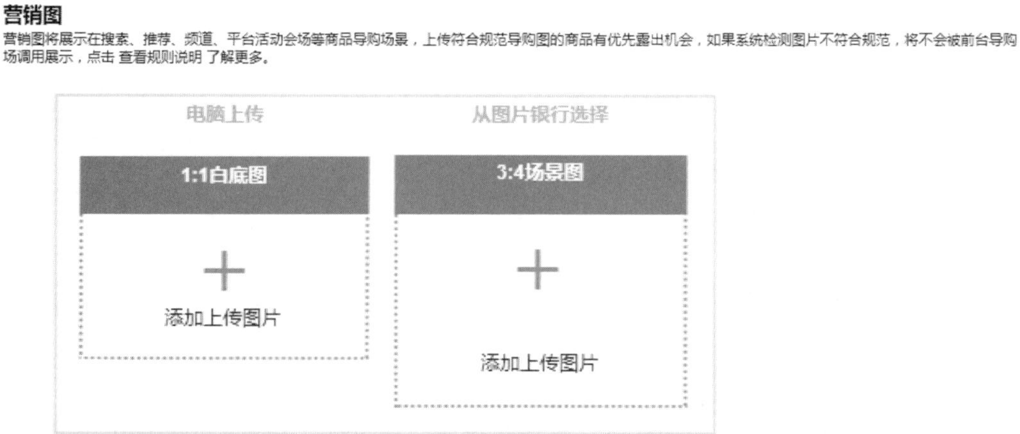

图 5-2-11　后台上传入口

在前台应用透出场景示范（图 5-2-12）。

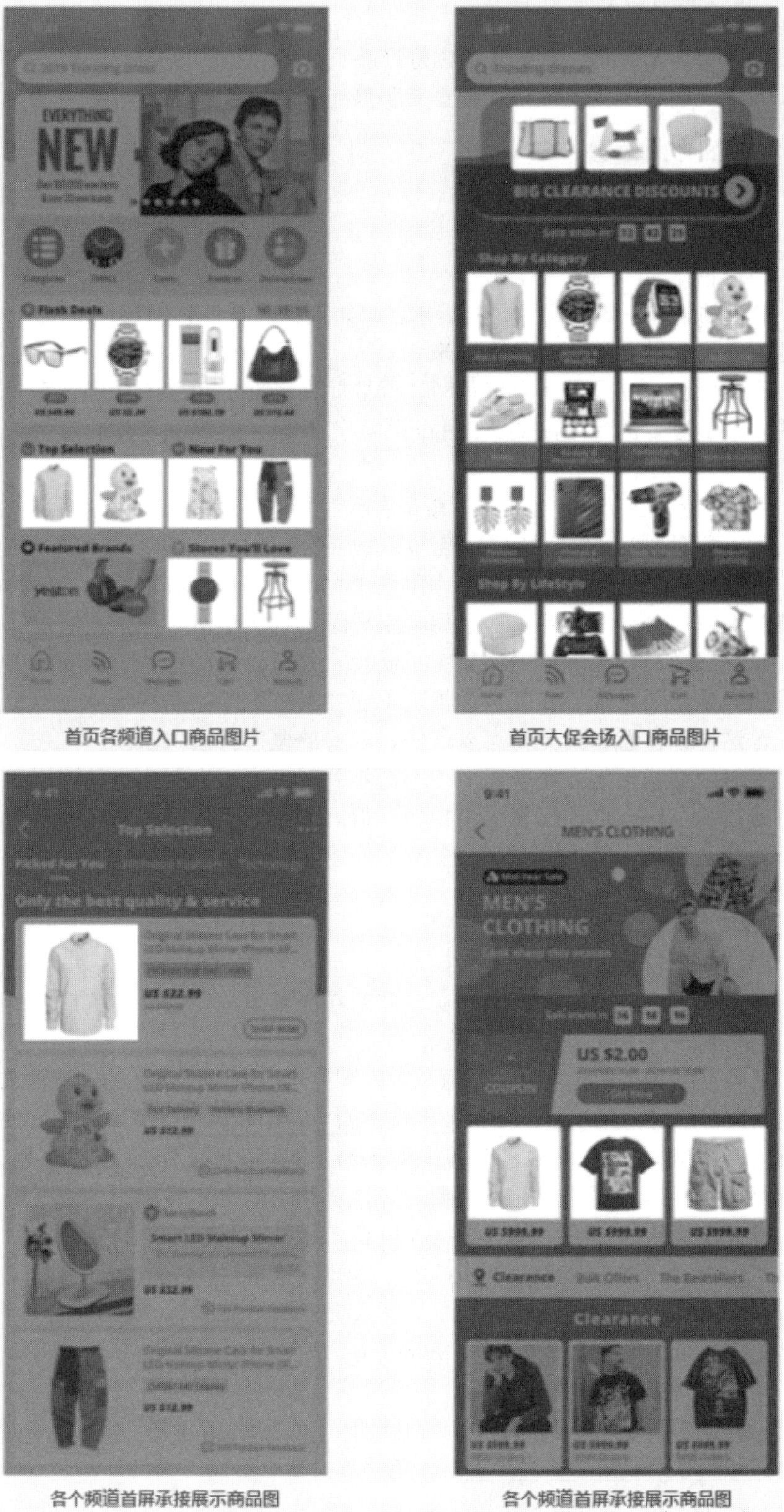

首页各频道入口商品图片　　首页大促会场入口商品图片

各个频道首屏承接展示商品图　　各个频道首屏承接展示商品图

图 5-2-12　前台透出场景示范

（四）详情页设计

1．确定好宝贝详情页的风格

在设计宝贝详情页前，需要先定位好产品页面的色调、风格、运用元素等。例如：根据宝贝的外观确定宝贝的风格，根据宝贝颜色确定页面的色调等。

2．首焦图的内容

（1）页面主题。

（2）宝贝。

（3）功能性信息/优惠信息。

（4）顾客的诉求。要注意顾客的诉求，比如购物时有什么问题、使用过程问题等。设计时可以用图文结合的方式表现出来。

（5）宝贝优势。在展示宝贝优势时，需要站在顾客的角度看问题，宝贝的优势这个模块的展示最重要的就是解决买家的问题。直接说，就是顾客需要什么，就把什么展示出来。

（6）宝贝展示。宝贝展示这一块，就是展示宝贝、引导顾客深入了解宝贝的结构，在设计时，可以适当地加上一些文字，对宝贝有一个简单的描述，可以增加页面的可看性。

（7）细节展示。这个模块的主要作用是更加详细地告诉顾客宝贝的优势在哪，把宝贝细节放大，加深顾客对宝贝的了解，引导顾客购买宝贝，达成成交。

（8）证书保证。网上购物看不见宝贝质量，只可以看到图片，很多顾客都会担心宝贝质量的问题，如果我们在宝贝详情页里面加上一张国家质检合格证书，以及三包服务等等，这样顾客看到就觉得可以信任，购买的概率就增大很多。

（9）买家须知。相信大家在网上购物都看到很多店家有买家须知这一栏，但是也有很多店家忽视了这一点，但是这个模块有很大作用。不仅可以避免顾客在购买产品时产生不必要的误会，又大大减少很多售后问题。

（五）店铺的首页装修设计

（1）装修店铺首页的目的。

美化店铺首页：吸引买家，增加买家停留在店铺里的时间，提高店铺的转化率；搜索和导航栏对进店客户进行分流导购。

顾客从某一款商品进入首页时，意味着顾客有可能有其他商品的消费需求，当顾客有明确的购买目的时，可以通过搜索和导航栏的导购功能，帮助顾客快速方便地找到所需要的商品和类目进行浏览，顺利下单；展示产品推荐和促销活动，刺激买家下单。

进店顾客无明确购买需求时，需要一些推荐和活动来激发顾客的潜在购买需求。如 New Arrivals（新品推荐）向买家推荐最新产品；Hot Deals（排行榜）引导买家购买店铺爆款；Product Discount（单品打折）提升转化率；Coupon（优惠券）刺激买家下单；Special Offers（满减活动）刺激买家买更多的产品；Bundle Deals（满件折）；Order Price Discount（满立减）；Free Shipping（满包邮）等。

（2）店铺首页结构以及注意事项。

店招。店招需要向消费者直截了当、简洁明了传递明确的信息，如店铺名称、LOGO、主营类目和产品等重要信息，对顾客进入店铺首页后是否浏览其他商品起到了一定的作用。店招和首页详情页设计风格保持统一，简单整洁，顾客视觉体验好（PC 端每个产品详情页都能看到店招，因此对顾客是否下单和浏览其他产品有一定的影响）。

店铺导航。平台自带的导航，可以添加两个（添加你最想展示给顾客的），因此要提前做好分类模块，清晰明确，对进店顾客有效分流。

海报/轮播图。宣传海报/轮播图与活动文案相结合，一般用于向消费者展示店内活动、店铺新品，或做品牌展示等，总之要能有效地吸引买家目光，激发消费者的购买欲。图片尺寸要与平台规定的大小无缝衔接，导购链接不要出现死链接或无连接或错误链接，影响顾客体验。

店铺优势和活动展示。展示模块主要是用来增加店铺点击量，以及提升店铺的转化率。店铺优势如产品、物流、售后保障、可批发代发定制等；活动如优惠券、满减活动、引导收藏加购等。

产品分类快捷导航。产品分类是对进入首页的顾客进行便捷的购物导航，方便顾客通过产品分类直接找到自己想要购买的类目进行浏览。在制作分类导航时，要与整个页面的设计风格一致。分类导航不能太杂乱，要清晰明确，这样分流的顾客才会精准。

产品展示。将店铺的部分商品按照一定的维度要求展示给消费者。如推广店铺中的爆款热销品、主推商品、新品、促销折扣品等，这些产品的卖点简洁精准地传达给客户，同时也给这些产品贴上标签，刺激顾客下单。如 Top Selling（热销）；50%（五折）；New Arrival（新品）等。

这是大概的结构，不固定，可灵活调整，当然整个首页风格应统一，颜色不要太多（不超过 4 色），各模块有层次展示，浏览顺畅，给人温馨、美感、可信任感。

色彩方面：黄绿色调体现干净整洁，紫色和黄色互补色，对比鲜明；红色为提示性颜色，适用于价格、促销、热卖等。

（六）认识装修模块（图 5-2-13）

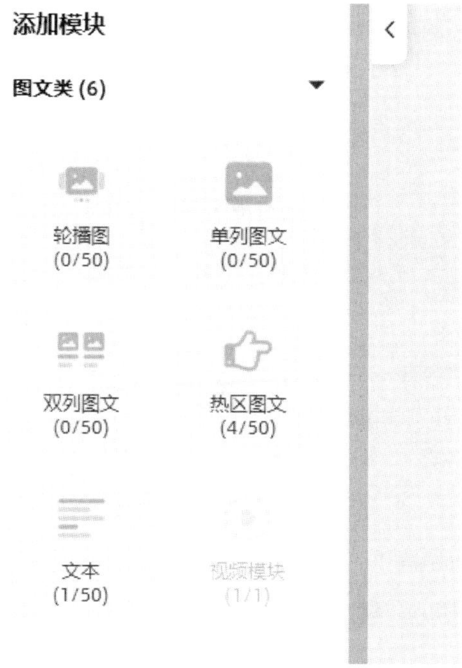

图 5-2-13　装修模块

轮播图要求：建议图片宽度 750PX，高度不超过 960PX。支持 JPG、PNG 图片格式，大小不得超过 2 MB。要求一组内的图片高度必须完全一致（图 5-2-14）。

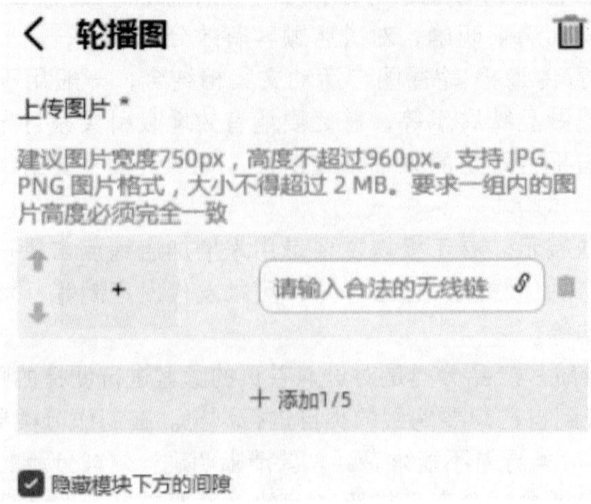

图 5-2-14　轮播图

单列图文要求：建议图片宽度 750PX，高度不超过 960PX。支持 JPG、PNG 图片格式，大小不得超过 2 MB（图 5-2-15）。

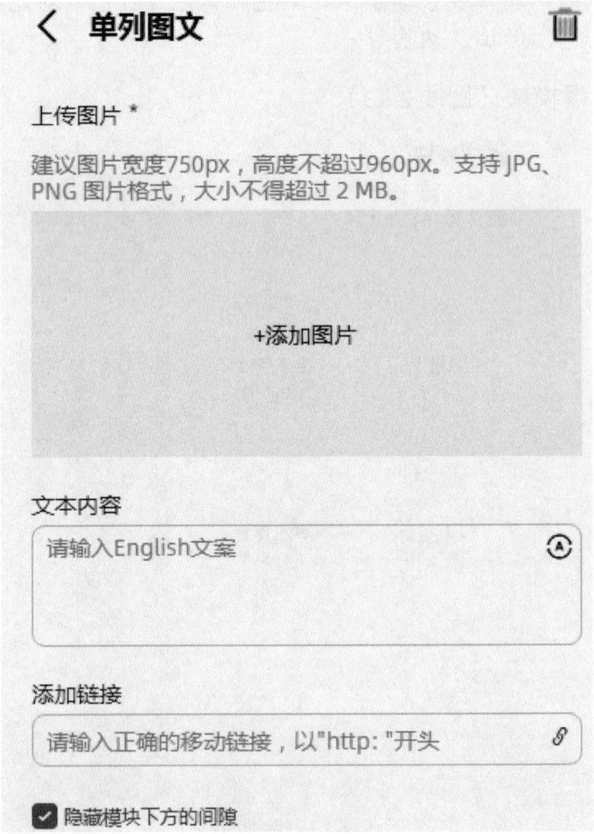

图 5-2-15　单列图文

双列图文要求：建议图片宽度 351PX，高度不超过 960PX。支持 JPG、PNG 图片格式，大小不得超过 2 MB（图 5-2-16）。

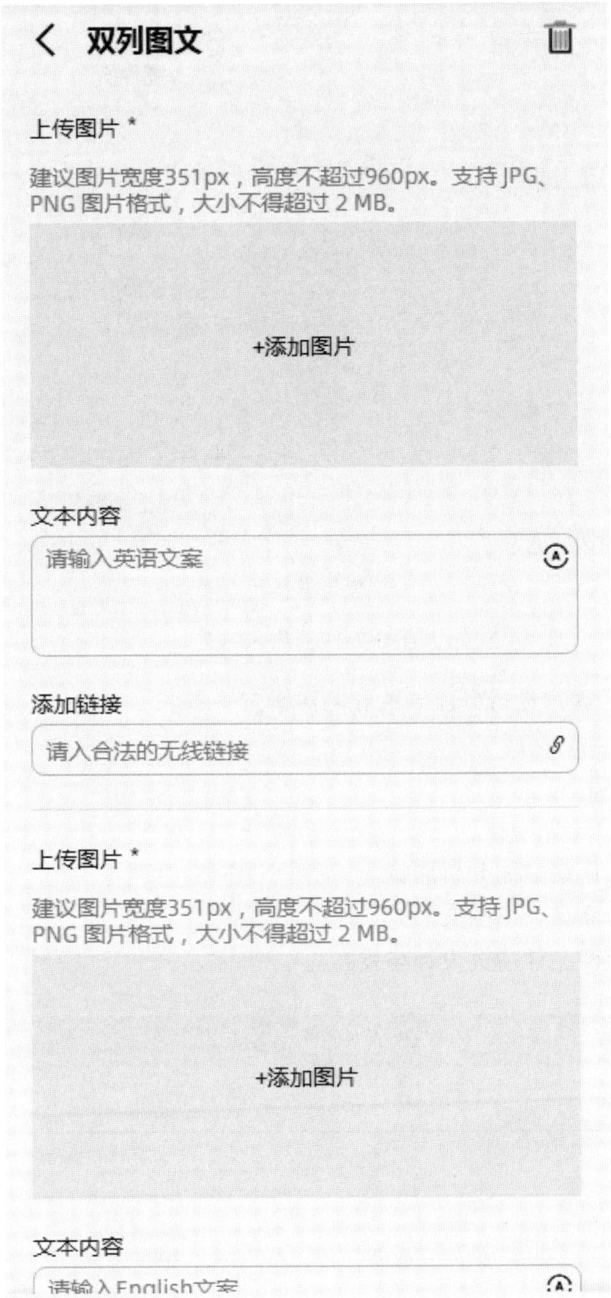

图 5-2-16　双列图文

热区图文要求：建议图片宽度 750PX，高度不超过 960PX。支持 JPG、PNG 图片格式，大小不得超过 2 MB（图 5-2-17）。

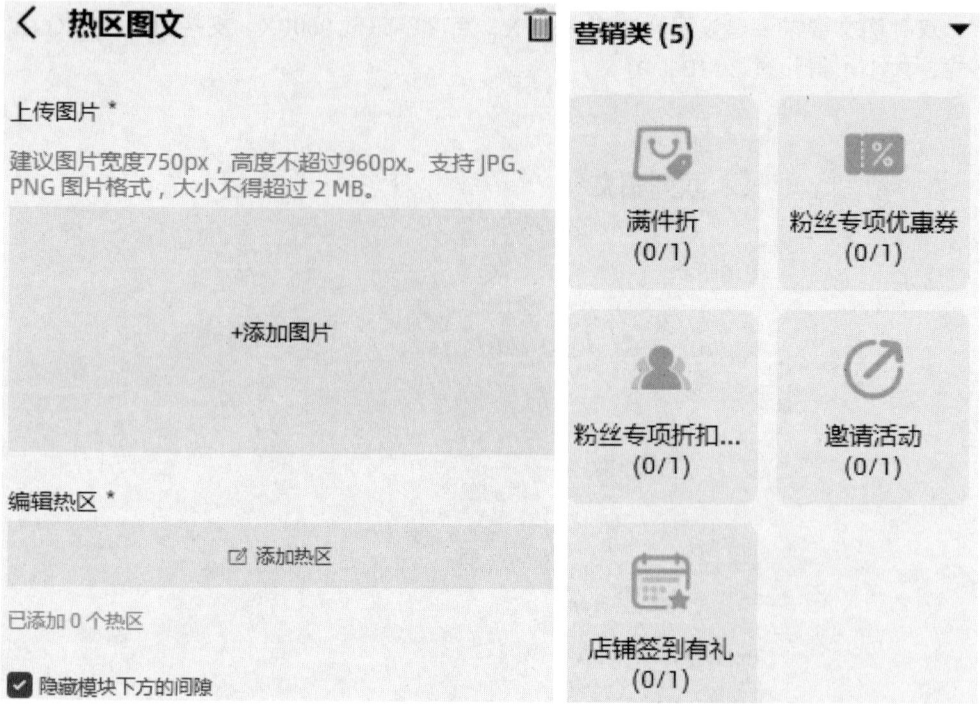

营销类模块

图 5-2-17　热区图文

效果：对进店客户进行分流导购和刺激客户下单。

任务实施

活动 1：采集店铺数据分析店铺。

活动 2：设计商品介绍图文。

活动 3：完成商品详情页设计与发布。

【学习笔记】

任务 5-3　店铺营销

任务目标

知识目标：

1. 了解店铺营销活动的类型；
2. 熟悉每个营销活动的特点和用途。

技能目标：

1. 能运用店铺营销活动，合理搭配，达到各种营销目的；
2. 能根据不同的产品，制订合理的活动策划。

工作任务

完成日常营销活动的设置。

相关知识

一、店铺自主营销

店铺活动

1．单品折扣

单品级打折，商品成交转化提升利器（图 5-3-1）。

图 5-3-1　单品折扣

2．满减活动

轻松提高客单，日常活动期间出货凑单转化利器（图 5-3-2）。

动画　满件折是什么活动 5-3

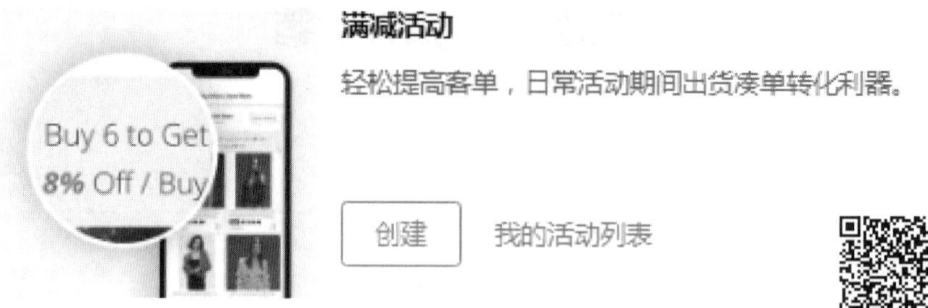

图 5-3-2　满减活动

动画　满立减是什么活动 5-3

3．店铺优惠券

全渠道推广的虚拟券，可有效促进引流，刺激下单（图 5-3-3）。

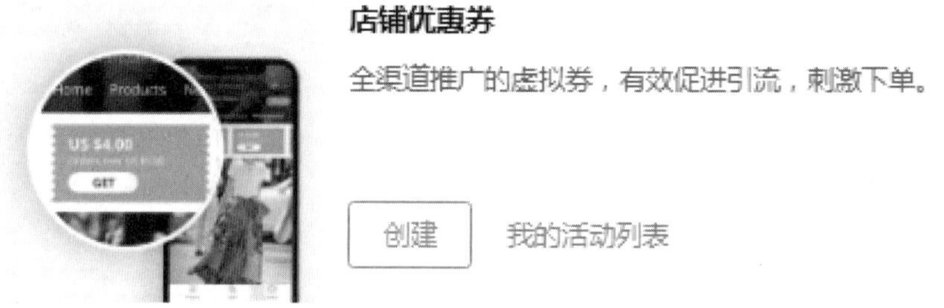

图 5-3-3　店铺优惠券

4．搭配活动

关联商品推荐，搭配买更优惠，提高买家购买欲望（图 5-3-4）。

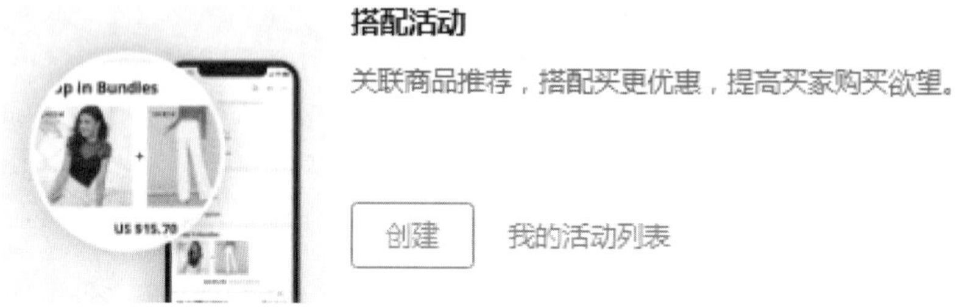

图 5-3-4　搭配活动

5．互动活动

包括关注店铺有礼活动、互动游戏和拼团活动，引导用户产生转化（图 5-3-5）。

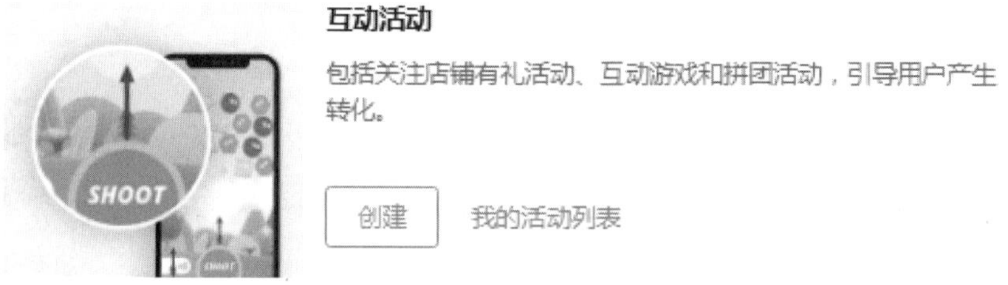

图 5-3-5　互动活动

6．店铺优惠码（Code）

商家可以针对商品设置一串优惠码（简称 Code），买家下单时输入优惠码即可享受相应优惠（图 5-3-6）。

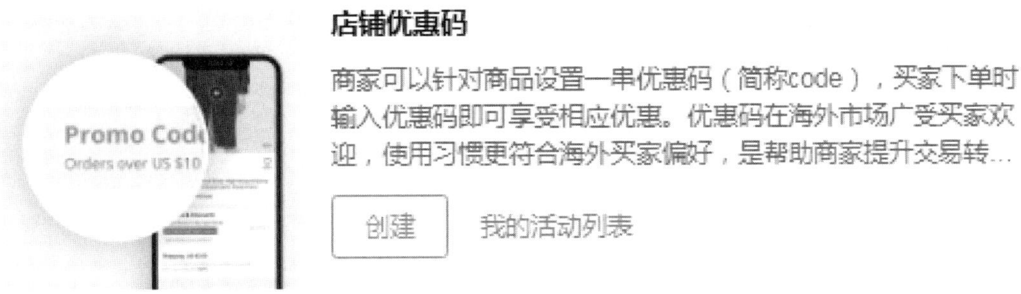

图 5-3-6　店铺优惠码

二、关联营销

1．店铺后台点击“商品”，然后在左侧菜单栏找到“产品信息模块”（图 5-3-7）

图 5-3-7　店铺后台

2．服务市场中的“店小宝”等（图 5-3-8）

我的速卖通
商品
交易
店铺
营销活动
账号及认证
生意参谋
违规
帮助中心
Profile
商品管理
新增商品
批量上传
查看我的店铺
账号设置
语言 | Language
全球速卖通培训中心
服务市场
速卖通规则
开放平台
隐私政策
速卖通境内实体证照
登出
提示
您有商品需要优化，这将影响商品的搜索流量与转化，严重质量低下的商品将被下架或删除，请尽快处理：
急需优化商品 43 货不对板纠纷率过高商品 0
立即优化
正在销售 (381)
草稿箱 (2)
审核中 (0)
审核不通过 (0)
已下架 (0)
提示
1. 欧盟《市场监督条例（EU）2019/1020》已于2021年7月16日生效。新法规特别要求在欧盟境内（不包括英国）销售的部分商品（与CE合规商品范围高度重合），需要在 2021 年 7 月 16 日之前有欧盟责任人负责产品合规。
2. 您可通过筛选框"关联欧盟责任人筛选"，点击"未关联"展示出来的商品，即表示这些商品需要您绑定欧盟责任人。若无"未关联"商品，则表示您不需要做操作，商品列表中，关联欧盟责任人字段下展示"-"则表示该商品不需要关联。
3. 请商家尽快完成商品欧盟责任人关联，未及时合规的商品将可能遇到欧盟销售、展示等不同程度的限制。商品绑定欧盟责任人的操作及常见问题，点此查看
4. CE认证及欧盟责任人合规服务机构，可参考此处，第三方机构与平台无关，请按需选择。
5. 平台CE合规及欧盟责任人合规类目自查，商品合规类目更新2021.7.16，点此查看
商品常见问题，点此查看。快速定位发布类目教程，点此查看。
服务市场
阿里巴巴旗下商家服务市场
AliExpress
全球速卖通
店小宝
搜索
服务列表
全部分类
一级类目
速卖通服务
二级类目
软件服务
三级类目
企业ERP
综合排序
付费人数
价格
评分
限时折扣
优惠券
免费试用
助力328大促
店小宝
开店必备
小小设计力作 15万人选择
新版店小宝
1,444人 盐城美创网络科技有…
¥ 30元/月

图 5-3-8 服务市场

3．橱窗推荐（图 5-3-9）

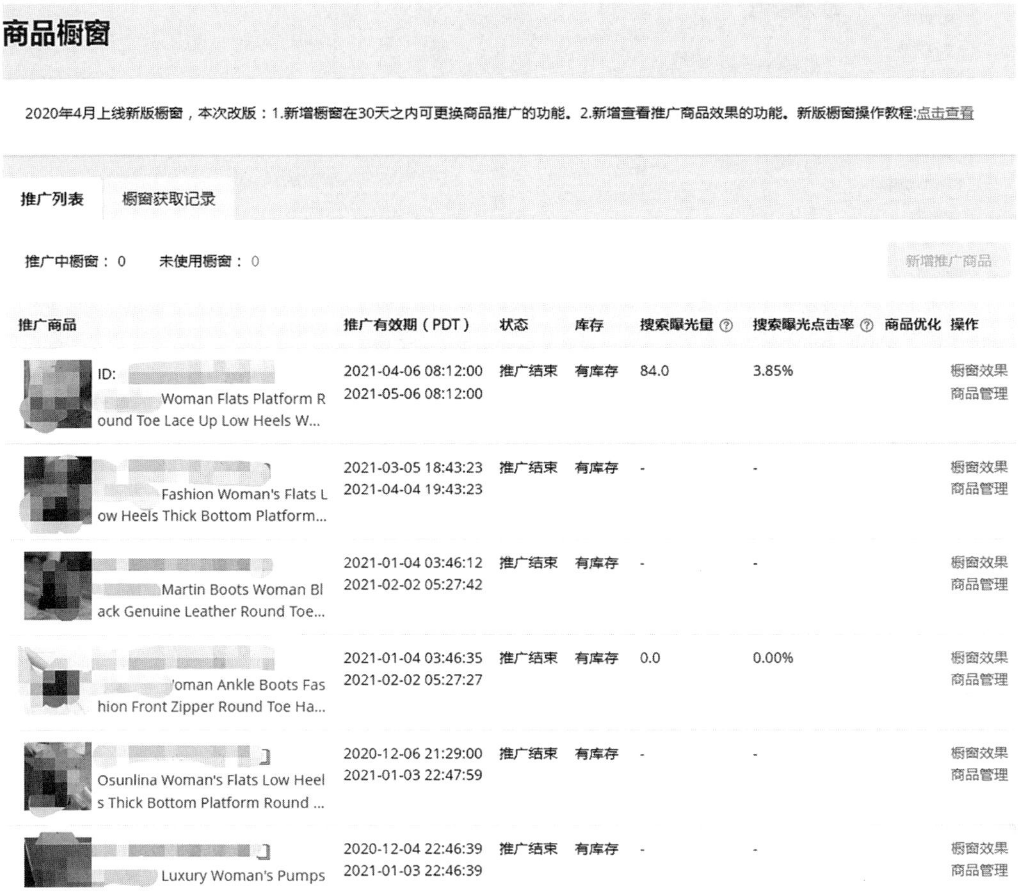

商品橱窗

2020年4月上线新版橱窗，本次改版：1.新增橱窗在30天之内可更换商品推广的功能。2.新增查看推广商品效果的功能。新版橱窗操作教程:点击查看

推广列表　橱窗获取记录

推广中橱窗：0　未使用橱窗：0　新增推广商品

推广商品	推广有效期（PDT）	状态	库存	搜索曝光量	搜索曝光点击率	商品优化	操作
ID: Woman Flats Platform Round Toe Lace Up Low Heels W...	2021-04-06 08:12:00 2021-05-06 08:12:00	推广结束	有库存	84.0	3.85%		橱窗效果 商品管理
Fashion Woman's Flats Low Heels Thick Bottom Platform...	2021-03-05 18:43:23 2021-04-04 19:43:23	推广结束	有库存	-	-		橱窗效果 商品管理
Martin Boots Woman Black Genuine Leather Round Toe...	2021-01-04 03:46:12 2021-02-02 05:27:42	推广结束	有库存	-	-		橱窗效果 商品管理
'oman Ankle Boots Fashion Front Zipper Round Toe Ha...	2021-01-04 03:46:35 2021-02-02 05:27:27	推广结束	有库存	0.0	0.00%		橱窗效果 商品管理
Osunlina Woman's Flats Low Heels Thick Bottom Platform Round ...	2020-12-06 21:29:00 2021-01-03 22:47:59	推广结束	有库存	-	-		橱窗效果 商品管理
Luxury Woman's Pumps	2020-12-04 22:46:39 2021-01-03 22:46:39	推广结束	有库存	-	-		橱窗效果 商品管理

图 5-3-9　橱窗推荐

橱窗获取方式一为上新产品，二为运营达标。

4．联盟营销（图 5-3-10）

5．U 选计划（图 5-3-11）

6．推广管理计划（图 5-3-12）

包括单品营销计划、买家权益计划、主推计划、店铺通用计划。

单品营销计划是联盟推出的帮助推广重点单品，打造确定性流量的推广方式。

推广优势：区别于其他商品，营销品有如下几层优势：

（1）强站内阵地曝光。联盟商家专属阵地（best.aliexpress.com）搜索、首页推荐、商品详情页推荐和所有联盟专属频道、高佣高曝光原则（商品评分、信息质量等一致的前提下）。

（2）强站外渠道推广动力。针对营销品有专属的推广物料和优先归属的特殊优势。从物料上渠道后台不同物料方式帮助渠道快速获取营销品——营销品物料专区、营销品专属的批量获取工具、营销品榜单等。从归属上，提前锁定买家优势。

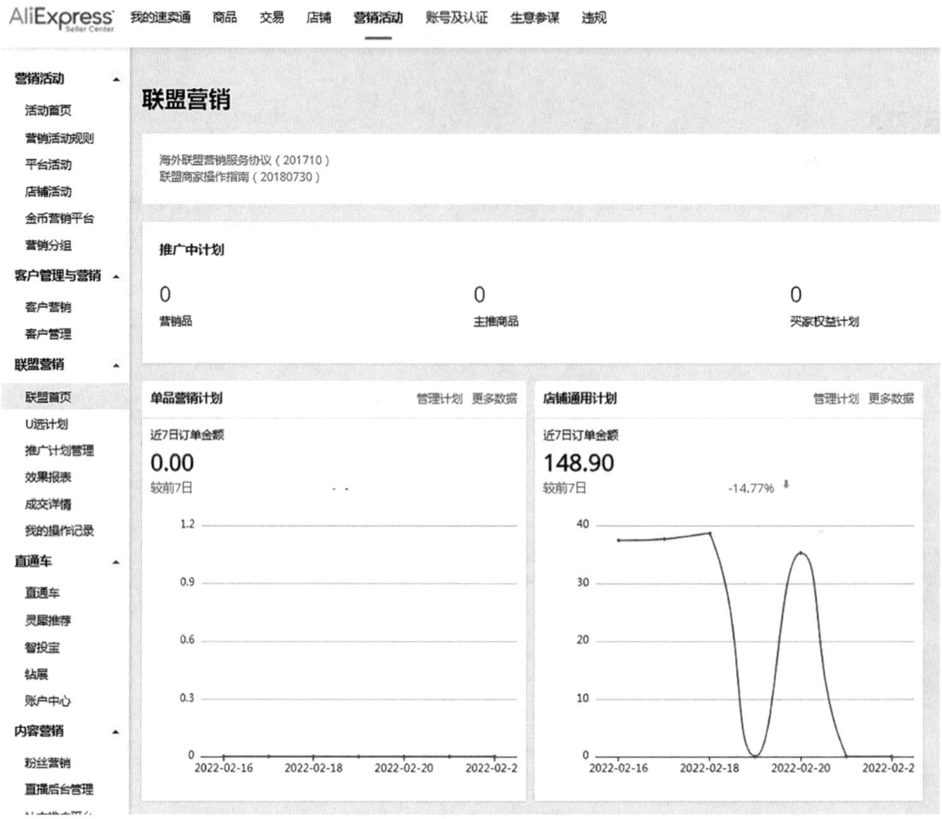

图 5-3-10　联盟营销

图 5-3-11　U 选计划

图 5-3-12　推广计划管理

（3）强营销资源加持。各招商活动营销品重点推广，大促级别招商活动，优质营销品活动期加权，部分招商频道营销品准入门槛。

7. 客户关系营销

点击店铺后台中“营销活动”中的“客户管理与营销”（图 5-3-13）。

在客户营销管理中，可针对不同的营销场景进行不同的方式营销（折扣、优惠券等）。其中营销计划中包含买家会话、邮件营销、定向优惠券等。

（1）买家会话（图 5-3-14）。

图 5-3-13　客户营销

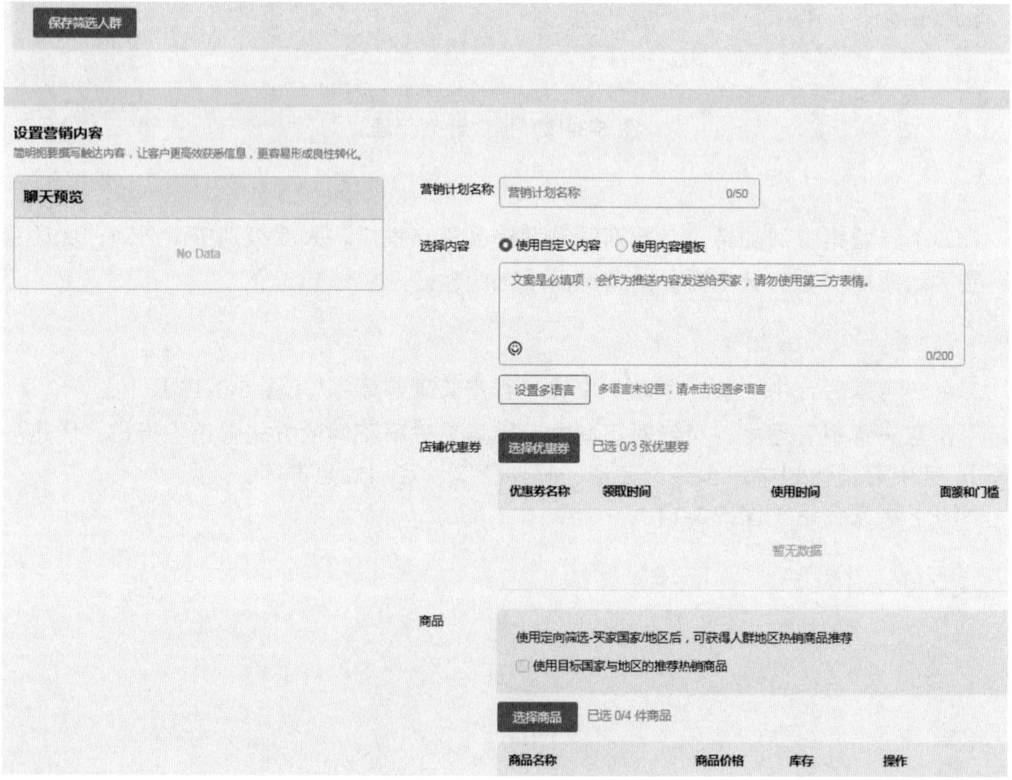

图 5-3-14　买家会话

动画 用营销邮件如何推广产品 5-3

（2）邮件营销（图 5-3-15）。

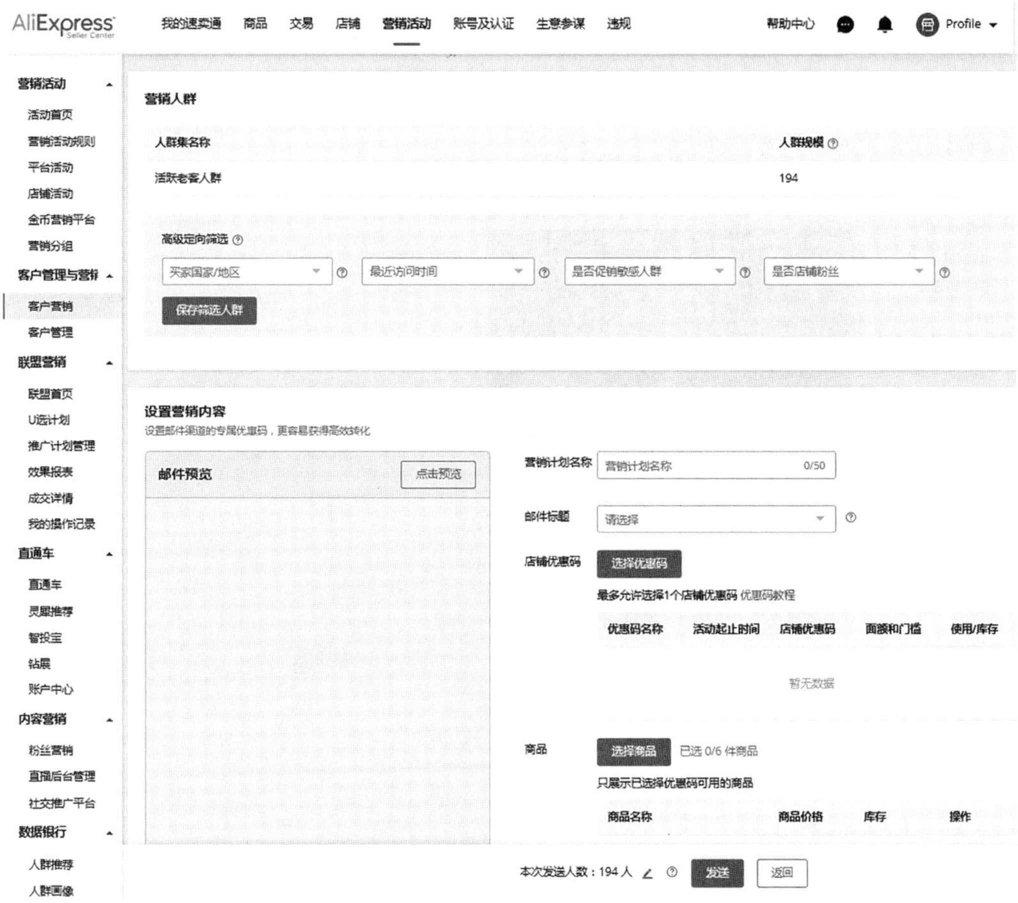

图 5-3-15 邮件营销

（3）定向优惠券（图 5-3-16）。

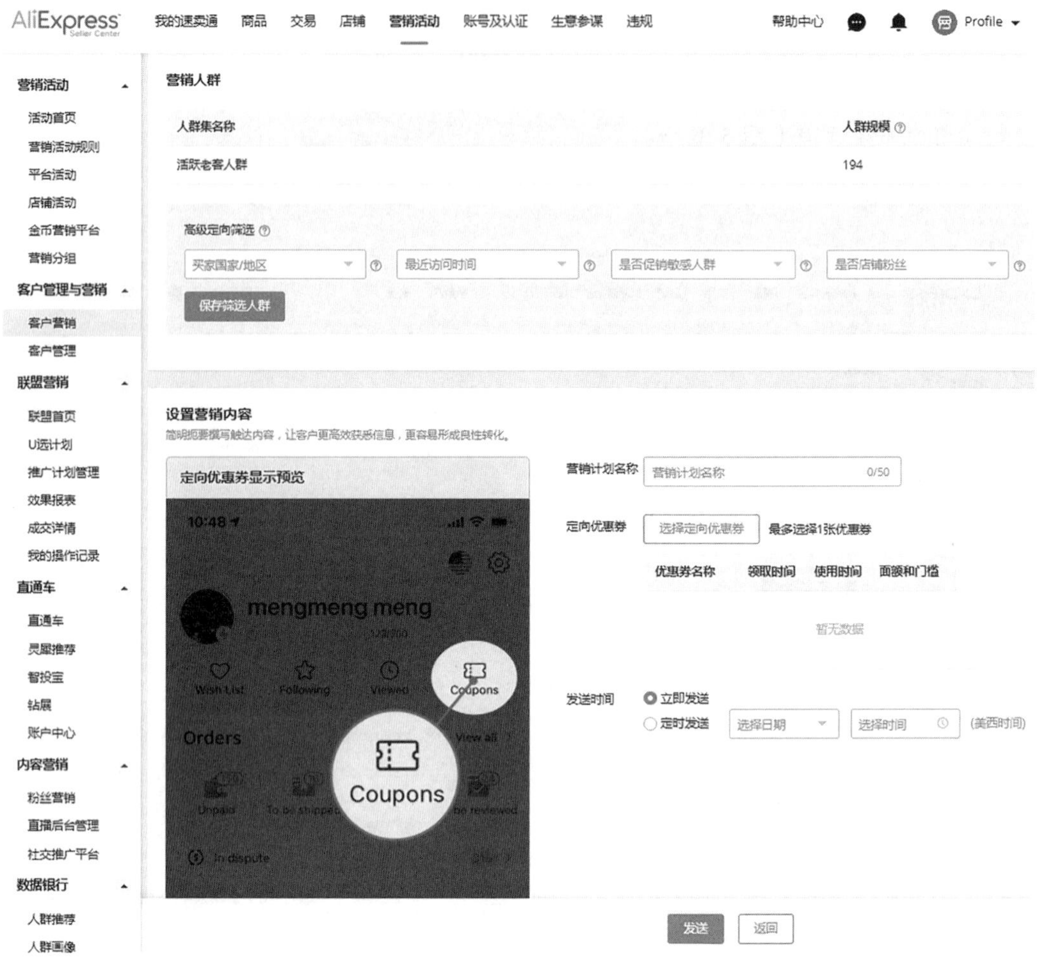

图 5-3-16　定向优惠券

8．实时营销

在与客户沟通中，可以发送店铺优惠券给客户，刺激客户下单（图 5-3-17）。

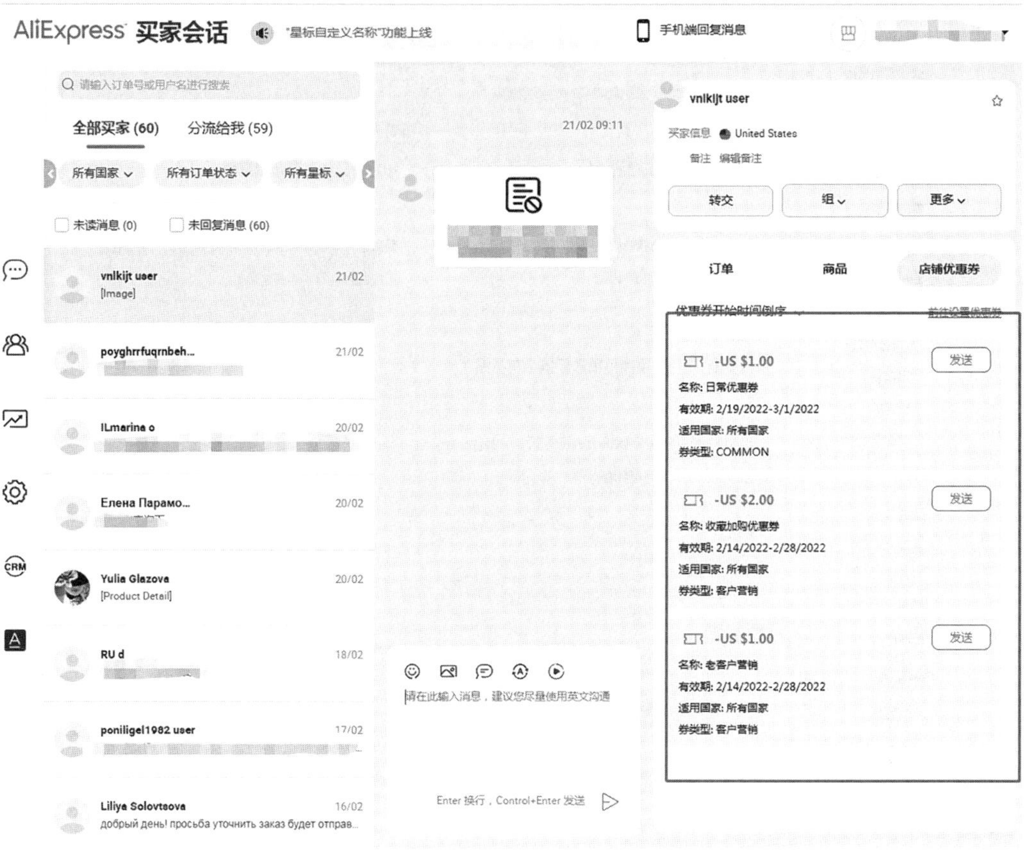

图 5-3-17　实时营销

三、平台活动介绍

点击店铺后台中“营销活动”中的“平台活动”（图 5-3-18）。

视频 黑五报名攻略一 5-3

可知道整月的活动报名周期（图 5-3-19）。

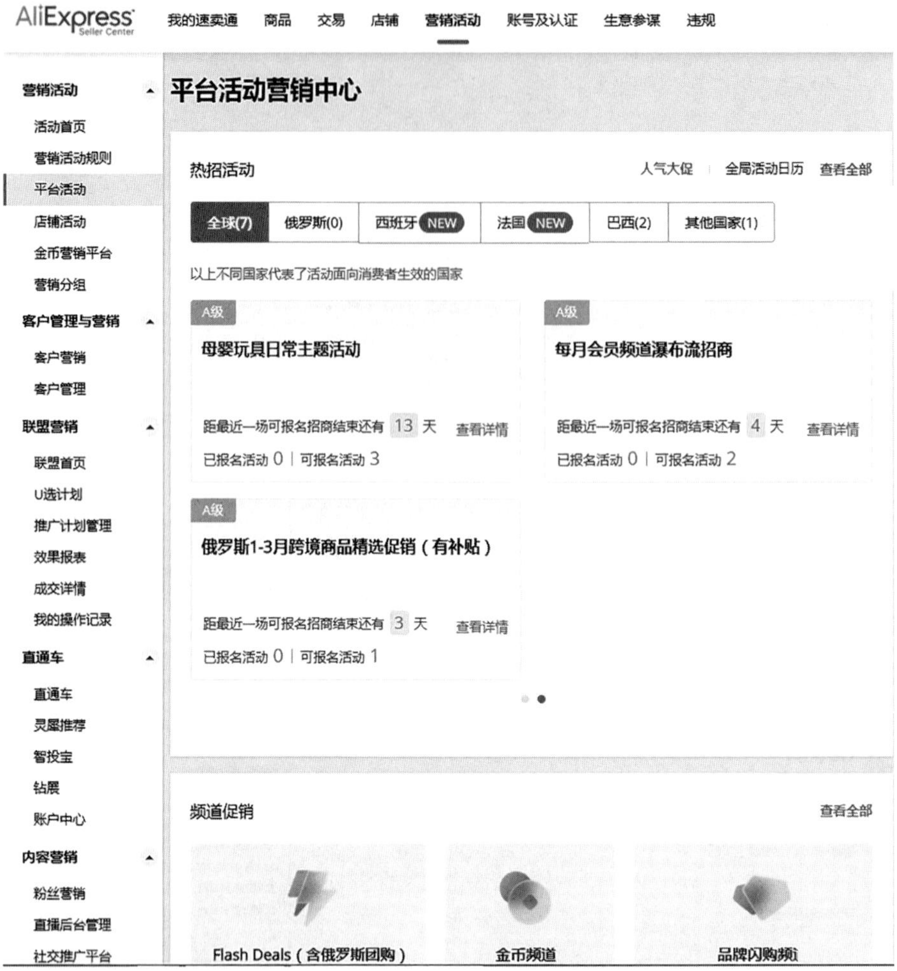

图 5-3-18 平台活动

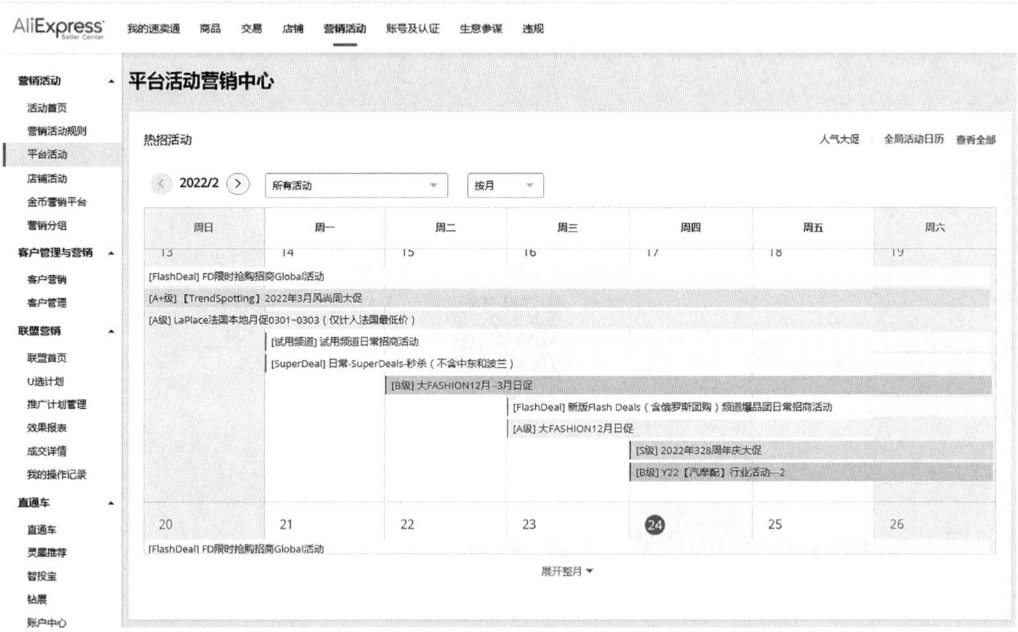

图 5-3-19 大促活动

点击查看全部活动，可查看更多可报名的活动。

动画 怎么报名平台活动 5-3　　　　视频 活动报名流程及注意事项 5-3

1．每月平台固定频道活动（图 5-3-20）

图 5-3-20　固定频道活动

2．Flash Deals（含俄罗斯团购）优先报名，高权重（图 5-3-21）

平台的爆品中心，帮助卖家打造店铺爆品。新版包含俄罗斯团购普招爆品团活动。

符合条件的活动数量：5

活动名称	活动类型	招商时间	展示时间	报名状态	操作
日常-SuperDeals-秒杀（更新）					
10月18日-SD-others国家秒杀-21点场	秒杀	2021-10-11 00:10:00 2021-10-16 00:00:00	2021-10-18 21:00:00 2021-10-18 21:59:59	未报名	立即报名
10月17日-SD-others国家秒杀-21点场	秒杀	2021-10-11 00:10:00 2021-10-15 00:00:00	2021-10-17 21:00:00 2021-10-17 21:59:59	未报名	立即报名
新版Flash Deals（含俄罗斯团购）频道爆品团日常招商活动					
俄罗斯团购爆品团(CB)1187期	俄罗斯团购	2021-10-11 00:00:00 2021-10-17 23:59:59	2021-10-29 00:00:00 2021-11-03 23:59:59	未报名	立即报名

图 5-3-21　爆品中心

3．金币频道

App 端的权益频道，利用金币带来的权益吸引买家定期回访（图 5-3-22）。

报名五款产品 一款 0.01 美金，其余四款一口价，不计入最低价。

正在招商的活动　待确认的活动　参与中活动　已结束活动　审核不通过活动

招商类型

商品招商活动　素材招商活动

活动类型

全部　促销　频道

频道类型

全部　Flash Deals（含俄罗斯团购）　Super Deals　品牌闪购频道　团购　试用频道　金币　新品频道　砍价　俄罗斯低价频道

报名资质

全部　可报名　平台邀约　关联店铺要求

报名状态

全部　已报名　未报名

符合条件的活动数量：1

活动名称	活动类型	招商时间	展示时间	报名状态	操作
10-11月金币兑换商品					
无线金币频道兑换商品2021年10月22日招商活动	金币	2021-10-11 00:00:00 2021-10-17 23:59:59	2021-10-22 00:00:00 2021-10-22 23:59:59	未报名	立即报名
无线金币频道兑换商品2021年10月28日招商活动	金币	2021-10-11 00:00:00 2021-10-17 23:59:59	2021-10-28 00:00:00 2021-10-28 23:59:59	未报名	立即报名
无线金币频道兑换商品2021年10月24日招商活动	金币	2021-10-11 00:00:00 2021-10-17 23:59:59	2021-10-24 00:00:00 2021-10-24 23:59:59	未报名	立即报名
无线金币频道兑换商品2021年10月23日招商活动	金币	2021-10-11 00:00:00 2021-10-17 23:59:59	2021-10-23 00:00:00 2021-10-23 23:59:59	未报名	立即报名
无线金币频道兑换商品2021年10月26日招商活动	金币	2021-10-11 00:00:00 2021-10-17 23:59:59	2021-10-26 00:00:00 2021-10-26 23:59:59	未报名	立即报名

图 5-3-22　权益频道

4．试用频道

通过提供试用商品吸引买家进店并关注宝贝，为品牌快速入市提供帮助。

平台报名要求报名一款产品 0.01 美元，库存 2（图 5-3-23）。

如果货值较高，库存填写 1 也可以通过。

图 5-3-23 试用频道

5．俄罗斯低价频道

低价潜力爆品中心，流量聚焦低价格带商品（0～5 美元），帮助提升单量（仅俄罗斯展示）（图 5-3-24）。

图 5-3-24　低价频道

视频　平台活动 5-3

6．平台邀约活动

优先报名，高权重（图 5-3-25）。

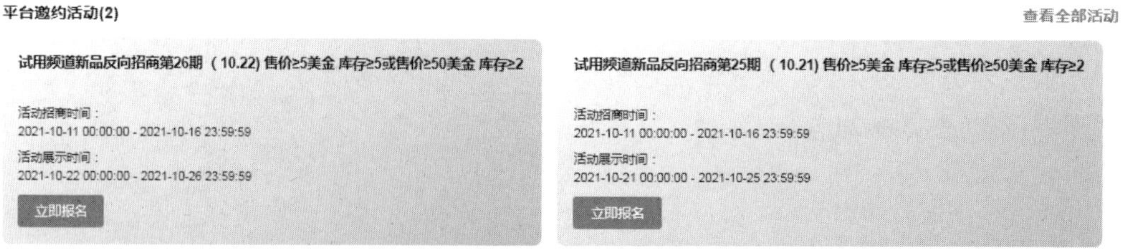

图 5-3-25　平台邀约

7．权益玩法招商

（1）跨店满减活动（图 5-3-26）。

有些活动需报名跨店满减才可报名（具体看活动的报名资质要求）。

图 5-3-26　跨店满减

（2）店铺券招商（图 5-3-27）。

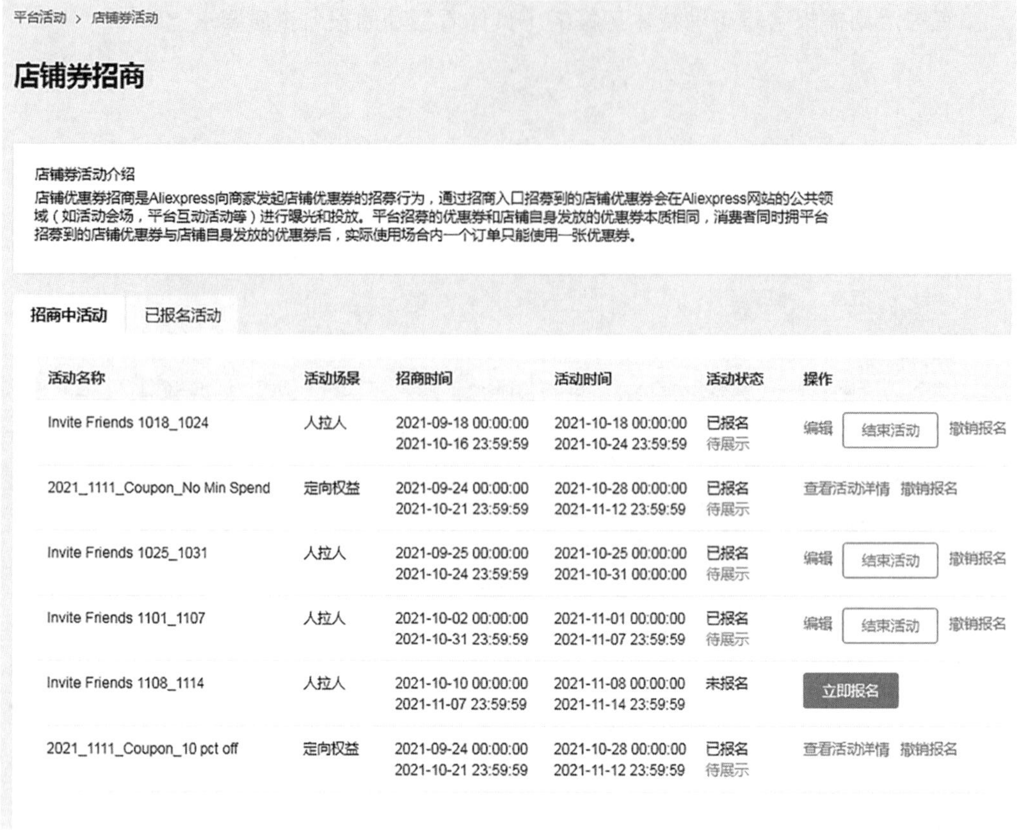

平台活动 › 店铺券活动

店铺券招商

店铺券活动介绍

店铺优惠券招商是Aliexpress向商家发起店铺优惠券的招募行为，通过招商入口招募到的店铺优惠券会在Aliexpress网站的公共领域（如活动会场，平台互动活动等）进行曝光和投放。平台招募的优惠券和店铺自身发放的优惠券本质相同，消费者同时拥平台招募到的店铺优惠券与店铺自身发放的优惠券后，实际使用场合内一个订单只能使用一张优惠券。

招商中活动　已报名活动

活动名称	活动场景	招商时间	活动时间	活动状态	操作
Invite Friends 1018_1024	人拉人	2021-09-18 00:00:00 2021-10-16 23:59:59	2021-10-18 00:00:00 2021-10-24 23:59:59	已报名 待展示	编辑 结束活动 撤销报名
2021_1111_Coupon_No Min Spend	定向权益	2021-09-24 00:00:00 2021-10-21 23:59:59	2021-10-28 00:00:00 2021-11-12 23:59:59	已报名 待展示	查看活动详情 撤销报名
Invite Friends 1025_1031	人拉人	2021-09-25 00:00:00 2021-10-24 23:59:59	2021-10-25 00:00:00 2021-10-31 00:00:00	已报名 待展示	编辑 结束活动 撤销报名
Invite Friends 1101_1107	人拉人	2021-10-02 00:00:00 2021-10-31 23:59:59	2021-11-01 00:00:00 2021-11-07 23:59:59	已报名 待展示	编辑 结束活动 撤销报名
Invite Friends 1108_1114	人拉人	2021-10-10 00:00:00 2021-11-07 23:59:59	2021-11-08 00:00:00 2021-11-14 23:59:59	未报名	立即报名
2021_1111_Coupon_10 pct off	定向权益	2021-09-24 00:00:00 2021-10-21 23:59:59	2021-10-28 00:00:00 2021-11-12 23:59:59	已报名 待展示	查看活动详情 撤销报名

图 5-3-27　店铺券招商

8．无线端营销和关联营销

提高了用户自主选择和店铺黏性，刺激客户下单提升转化率，让进店的访客了解店铺和产品。

（1）设置优惠券，刺激客户下单购买（图 5-3-28）。

无线端的流量特点：

① 无线成交情况。AliExpress 2015 年无线端成交金额增长显著，据最新统计数据，2015 年 3 月日均无线端成交金额已是 2013 年下半年月日均无线端成交金额的 4 倍以上，目前无线端成交金额占平台总体大盘成交金额占比每月均在逐渐上升，无线端的增长速度高于 PC 端。

② 用户访问特点。由于移动设备的便携性，以及周末时不常在 PC 端前的特点，所以用户访问的分布点主要集中在周末以及晚上。另外，用户从 PC 端转化到无线端之后，购买频次将会大大增加。

同时，用户访问无线具有多频次、短时间的特点，这就要求卖家的内容要在第一时间抓住用户的眼球，吸引其注意。

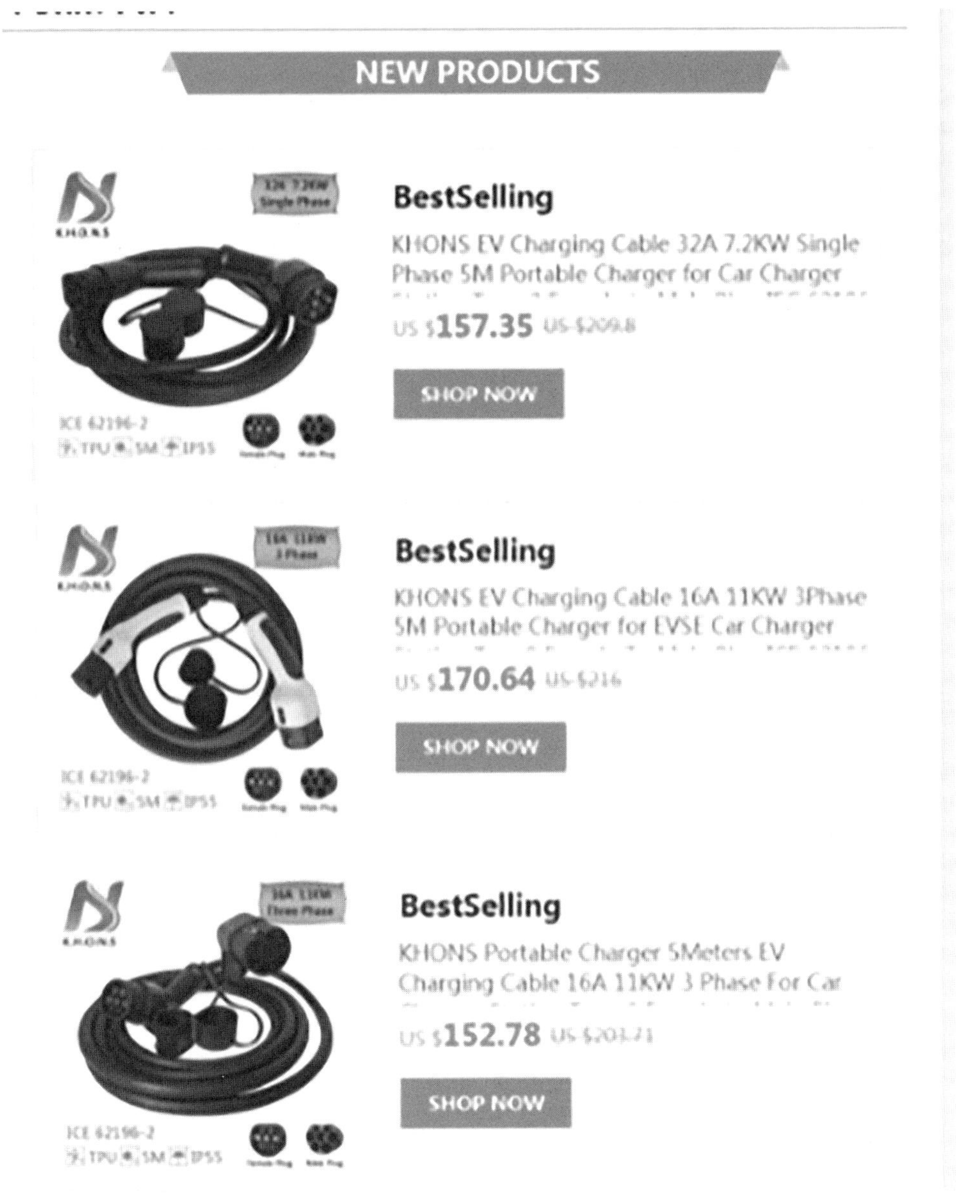

图 5-3-28　优惠券

（2）推广和引流。

粉丝营销：坚持发放 Feed，创作优质的 Feed 文案实现平台 Feed 透出，报名平台 Feed 活动。

网红：可以在 INS，YouTube，利用优质网红并让网红参与创作（视频、帖子）、推广、引流。

直通车：全店推广、灵犀推荐、钻展等。

任务实施

活动 1：报名店铺活动。

活动 2：报名平台活动。

活动 3：设置各种类型优惠券。

【学习笔记】

项目 6　速卖通优选仓和海外仓

任务 6-1　AE 优选仓

任务目标

知识目标：

1. 熟悉优选仓概念；
2. 熟悉优选仓优势。

技能目标：

1. 优选仓有哪几个仓；
2. 优选仓有哪些权益；
3. 优选仓入驻流程。

工作任务

思考选择什么样的产品入优选仓。

相关知识

一、优选仓的概念

优选仓是速卖通全新推出的“商品端到端”的官方跨境供应链服务，为商家提供仓配于一体的综合解决方案，也为商家提供“爆品孵化、供应链计划、全自动订单履约、无忧物流全球配送”等能力支持。图 6-1-1 是速卖通官网上提供的优选仓服务宣传页面。

图 6-1-1　优选仓服务宣传页面

图 6-1-2 是优选仓目前已上线“东莞仓、威海仓及香港仓”3 个优选仓解决方案宣传。

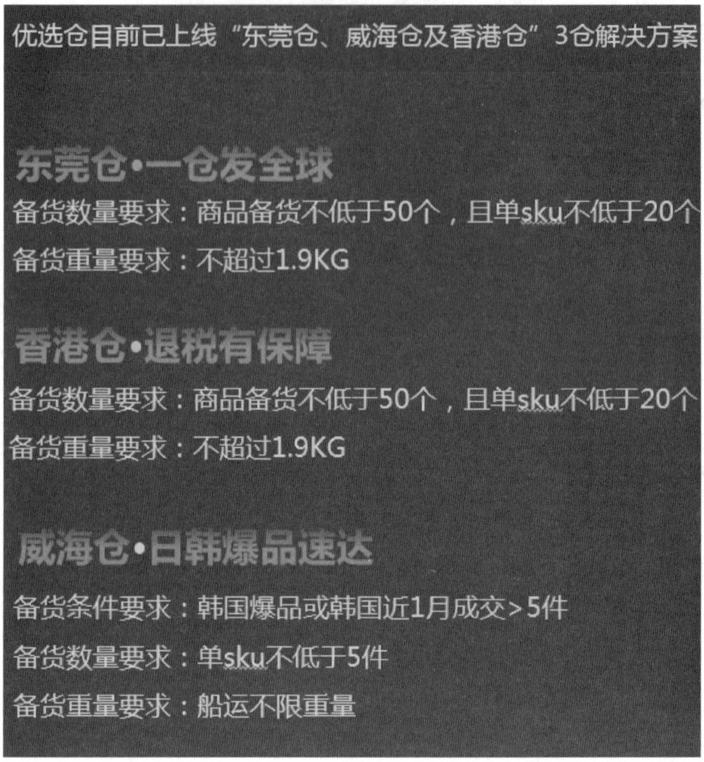

图 6-1-2　优选仓解决方案

动画　什么是优选仓 6-1

二、优选仓的权益

图 6-1-3 是优选仓权益的宣传图。

图 6-1-3　优选仓权益

归纳入仓六大流量权益如下：① 大促独享资源会场、X 日达会场资源。② FD 仓发专属坑位。③ 仓发 CODE 投放。④ 发货时效搜索加权。（搜索端 2 ~ 5 倍档位加权）。

⑤ 国家站专属场域（巴西、韩国专属仓发会场）。⑥ 专属外投资源、专属直播会场。

三、优选仓入驻步骤

官网上有入仓签约网页地址，可以看看。步骤分为两步。

https：//fuwu.cainiao.com/auctionDetail.htm?logisticAuctionId=138&priceId=4781

https：//fuwu.cainiao.com/auctionDetail.htm?logisticAuctionId=24&priceId=84

（1）登入系统：多店铺账号切换。需要完成以下工作内容：创建货品、定义优选库存。

预约入库：新增入库单。

打印标签：发货入仓。

（2）入仓后数据提升。目前提升明显的类目：母婴玩具、运动户外、汽摩配、家电 3C、美容健康、服饰。24 小时上网率可以达到 100%，NR 会低于大盘 50%，“10 日达”打标达到 72%，GMV 有较高幅度提升。

任务实施

活动 1：根据店铺情况对商品进行 SKU 编码。

活动 2：入优选仓的操作。

【学习笔记】

任务 6-2　AE 海外仓

任务目标

知识目标：

1. 理解海外仓对跨境电商的价值；
2. 掌握海外仓设置的相关知识点。

技能目标：

1. 掌握速卖通海外仓的规则；
2. 熟悉 AE 海外仓操作。

工作任务

详细阐述 AE 海外仓的意义、设置流程和发货模式。

相关知识

一、AE 海外仓设置路径

目前因欧盟政策原因，凡是在欧洲的海外仓都需要相应国家的 VAT 信息。

VAT 全称为 Value Added Tax，是欧盟的一种税制——售后增值税，指货物售价的利润税，它适用于在欧盟国家境内产生的进口、商业交易及服务行为。VAT 销售增值税和进口税是两个独立缴纳的税项，在产品进口到欧盟国家的海外仓时会产生产品的进口税，而产品在其境内销售时会产生销售增值税 VAT。

如果卖家使用欧盟国家本地仓储进行发货，就属于 VAT 增值税应缴范畴，即使卖家所选的海外仓储服务是由第三方物流公司提供，也从未在当地开设办公室或者聘用当地员工，也需要交纳 VAT。

为了能依法缴纳增值税，卖家们需要向海外仓本地的税务局申请 VAT 税号。VAT 税号具有唯一性，只适用于注册当事人。

（一）VAT 信息创建

VAT 信息创建流程：点击【交易】—【税务管理】—VAT 协助中心点击创建。完成后就只等待审核 VAT 信息通过。信息通过后就可以开展下面的流程（图 6-2-1）。

图 6-2-1 信息创建

（二）建 仓

海外仓申请流程，可以登录【交易—物流中心—仓配服务—我有海外仓】，点击【申请开通】（图 6-2-2）。

图 6-2-2 建仓

1．菜鸟仓

开通菜鸟仓发货权限后，使用菜鸟仓储和尾程配送，可以上标 X 日达。当前菜鸟仓已在西班牙、法国、波兰、比利时、捷克、英国、德国设合作仓。

根据欧盟增值税法规要求，申请开通海外仓库权限商家需要注册备货国当地的

VAT 税号，且 VAT 税号主体需要与入驻速卖通的店铺主体保持一致。若商家计划订购菜鸟官方仓，请点击如下按钮：AE—海外仓 VAT 信息收集，提交资料后再进入“开通菜鸟仓服务”。只有税号审核通过之后才能正式开通菜鸟官方仓仓库权限，即划仓。

2．商家仓

开通三方仓和自建仓的发货权限后，可申请开通商家承诺达服务，满足审核标准即可上 X 日达标，享流量等权益，相关攻略可点击查看。当前承诺达已经开通西班牙、法国、波兰、巴西、捷克、德国、比利时、美国、英国等国家，其他欧洲国家也在规划中，将陆续开通。

英国/欧盟 27 国海外仓入驻申请注意：英国/欧盟法规要求，卖家必须提供其入驻 AE 的公司主体的有效 VAT 税号或 VAT 文件以供验证，不能使用第三方或所谓关联方的税号信息。若无法提供入驻 AE 的公司主体有效 VAT 税号或 VAT 文件或未能通过验证，将无法通过对应国家海外仓入驻审核。

步骤 1：菜鸟仓：点击开通菜鸟仓（图 6-2-3）。

步骤 2：先订购菜鸟服务商品—<全球仓>（图 6-2-4）。

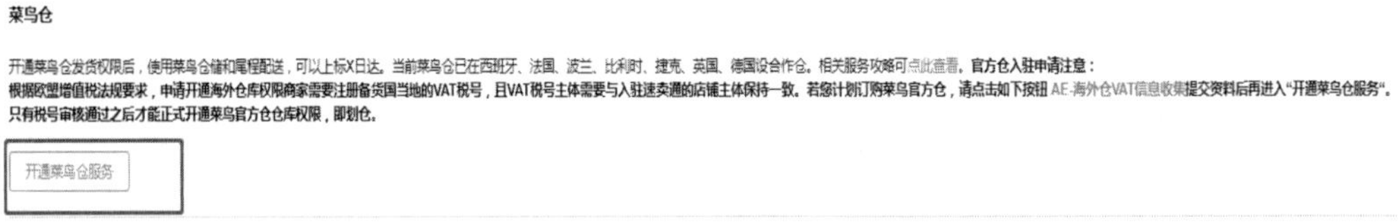

图 6-2-3　菜鸟仓

菜鸟物流服务商品-《全球仓》　菜鸟官方仓商家帮助中心

物流产品名称	可选方案	签约状态	开始日期	结束日期	操作项
AE-4PL-无忧海外仓配	AE全球仓海外仓-商家报价（新）	生效中	2021-05-21	2050-12-31	VAT信息确认
AE-4PL-无忧海外仓配	AE全球仓海外仓-商家报价-欧元（新）	未订购	2021-05-01	2050-12-31	订购 VAT信息确认
AE-4PL-无忧国内仓发	AE全球仓国内优选仓-商家报价	生效中	2021-08-10	2050-12-31	VAT信息确认
AE海外仓头程	AE全球仓-AE海外头程新报价-商家	未订购	2021-04-01	2050-04-01	订购 VAT信息确认

图 6-2-4　全球仓

步骤 3：点击开通新仓（图 6-2-5）。

步骤 4：商家仓：点击开通上架仓（图 6-2-6）。

图 6-2-5　仓库信息

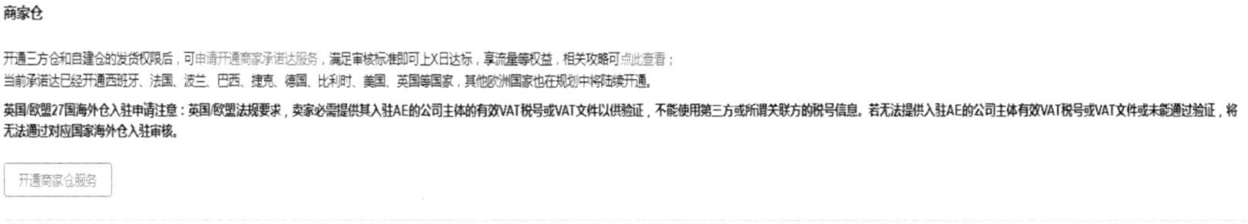

图 6-2-6　商家仓

步骤 5：选择符合条件的海外仓类型（图 6-2-7）。

图 6-2-7　海外仓信息

步骤 6：请确认海外仓基础信息填写正确，提交后该申请记录将无法编辑，如需编辑请重新申请开通商家仓服务。

步骤 7：填写运营信息（图 6-2-8）。

步骤 8：完成信息填写后，进入下一步及完成等待审核即可。

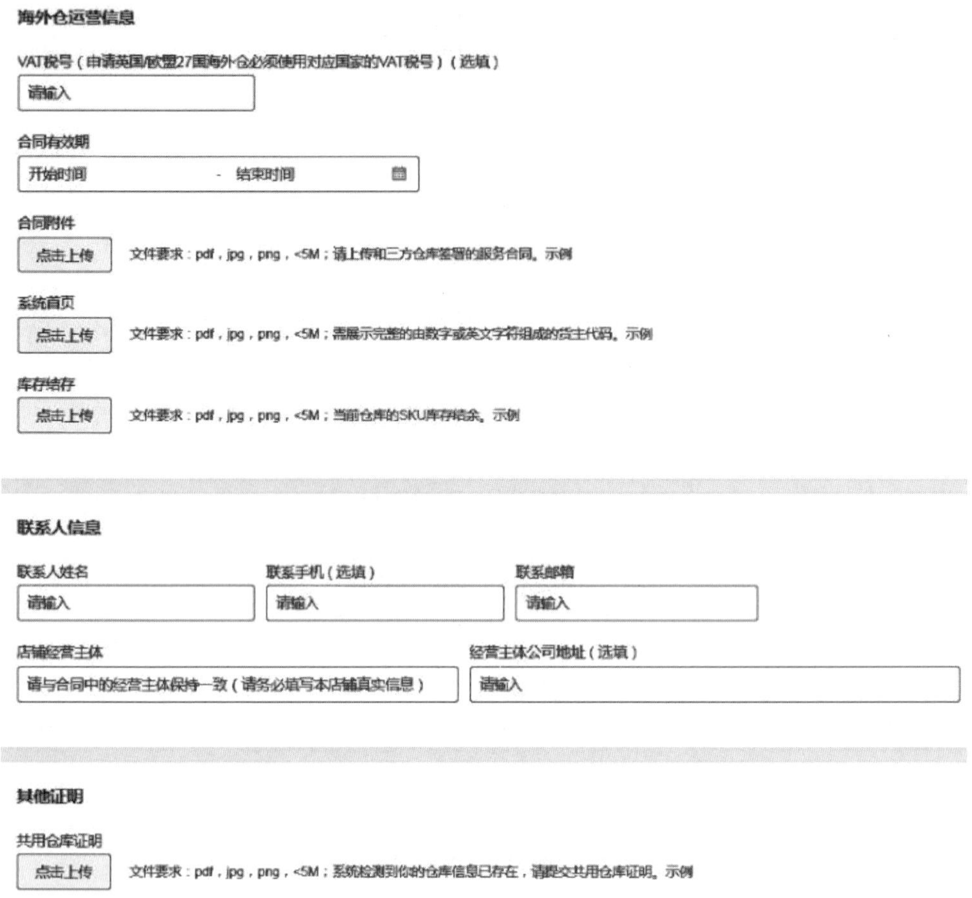

图 6-2-8　海外仓运营信息

（三）创建库存

（1）创建单个单品库存。在如图 6-2-9 所示的图片中创建单个单品库存。

注意：已创建的货品不支持删除，若有货品错误创建的情况需重新创建新货品。

图 6-2-9　单品库存

（2）单个单品库存操作路径：【菜鸟商家工作台】—【操作中心】—【商品中心】—【货品管理】—点击创建货品，批量创建单品库存（图 6-2-10）。

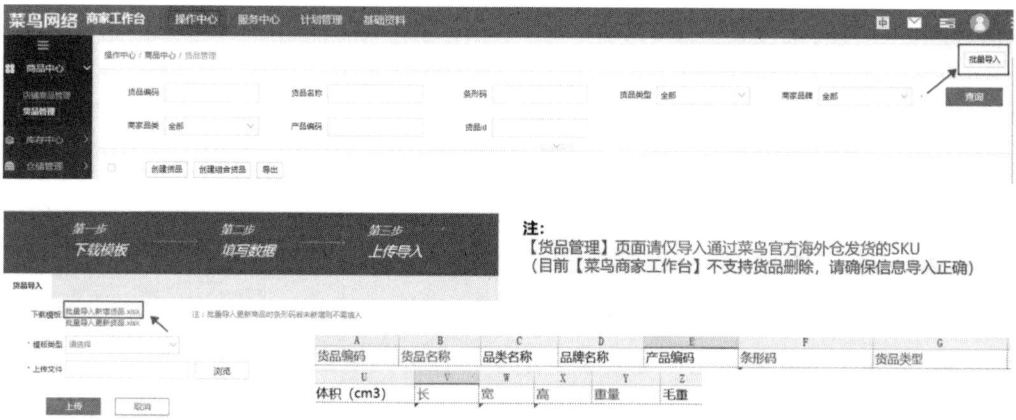

图 6-2-10　单品库存创建

（3）货品管理操作路径：【菜鸟商家工作台】—【操作中心】—【商品中心】—【货品管理】—点击批量导入（图 6-2-11）。

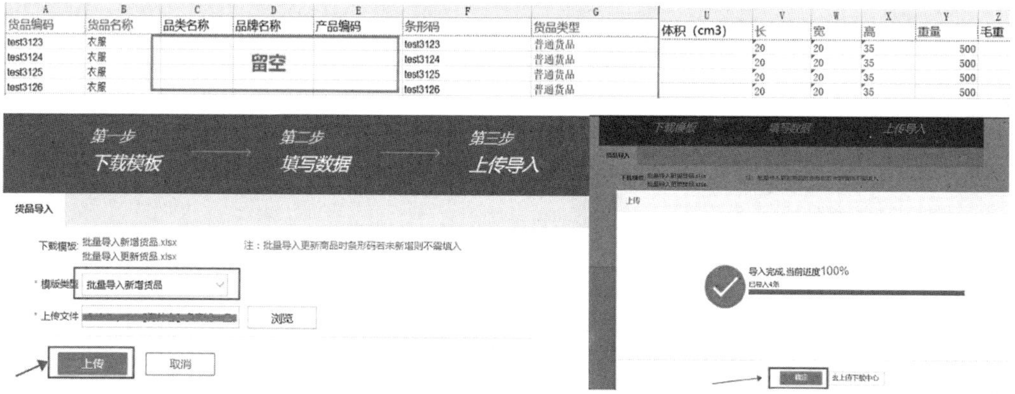

图 6-2-11　货品管理

注意：建议“货品编码”与 AE 发布商品时填写的商品编码即商家 SKU 编码尽量保持一致；“条形码”可与“货品编码”保持一致；“货品类型”均填写“普通货品”；“长宽高”单位为 mm，“重量”单位为 g，且均需填写正整数。上传已填写好的模板 Excel 文件，导入完成后，点击确定。

（4）【批量导入】或【创建货品】成功后，商家将在【货品管理】页面看到新导入货品。

二、单品的创建规范

图 6-2-12 为单品创建的基本信息。

图 6-2-12　基本信息

（一）单品创建要规范，需要掌握以下术语（图 6-2-13）

货品名称：产品的属性（方便记忆和查找）。

货品编码：可根据产品属性和型号编写。

货品类型：选普通货品。

条形码：需与货品编码一样（后面打印的标签对应）。

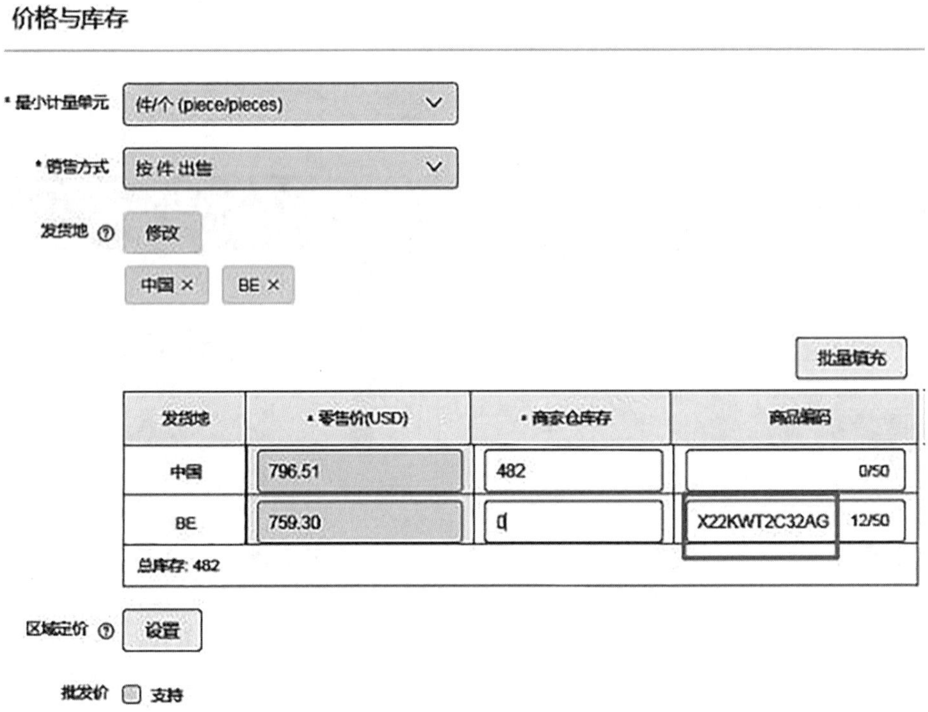

图 6-2-13　单品创建规范

（二）单品创建步骤

1．设置发货地（海外仓）商品编码

如图 6-2-14 所示，产品后台编辑中设置发货地（海外仓）商品编码需要与创建的货品编码一致，便于管理（图 6-2-14）。

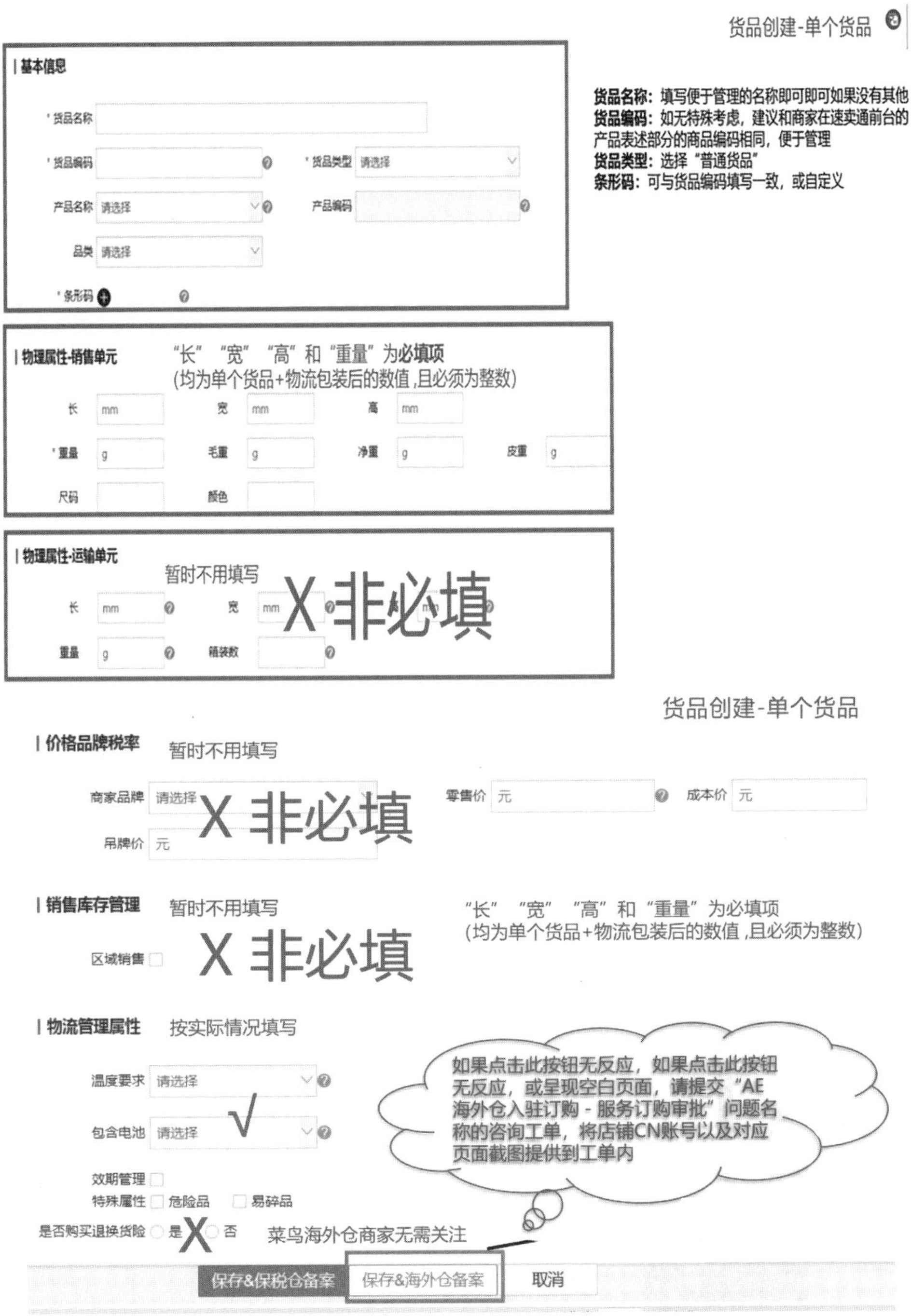

图 6-2-14　商品编码设置

2．产品信息备案

在图 6-2-14 所示的页面中完成产品信息填写后，点击保存&海外仓备案。

备案信息页面如图 6-2-15。

完成后，可以在网站查询。

相关 HS 编码查询网址：https：//www.365area.com/hscode/（图 6-2-16）。

图 6-2-15　货品通关基本信息

图 6-2-16　HS 编码查询

3. 创建头程单号

创建头程单号可按图所示操作路径在网页上操作。操作路径为:【操作中心】—【头程管理】—【头程单创建】,填写头程单所需的基本信息、揽收信息和箱单信息,点击【提交】完成头程单创建(图 6-2-17)。

图 6-2-17　头程单创建

三、标题描述违规

(一)定　义

标题描述违规是指标题关键词滥用,如标题无明确产品名称、标题关键词堆砌、标题产品名与实际不符、标题与类目不符、标题品牌词与实际不符、标题件数与实际可购买件数不一致等。

(二)标题描述违规的处罚

平台将对标题描述违规的商品采取调整搜索排名、删除商品、下架商品的措施;如违反搜索作弊规则的商品累积到一定量,平台将对店铺内全部商品或部分商品(包括违规商品和非违规商品)采取调整搜索排名的措施;情节严重的,平台将对店铺内所有商品进行屏蔽;情节特别严重的,平台将冻结账户或关闭账户。

（三）情景举例，如标题滥用

标题中出现与实际销售产品不符的关键词叫关键词滥用。举例：商品实际为 Hairpins 发夹，但是标题中却出现了 Headband 发带单个货品。

打印标签如图 6-2-18。

图 6-2-18　打印标签

商家也可通过路径【操作中心】—【关务管理】—【货品通关信息查询】（图 6-2-19）。

图 6-2-19　信息查询

四、创建箱单（图 6-2-20）

创建箱单可以手工创建。在图 6-2-20 所示网页上点击新增箱号，箱号名称会自动生成，其他*项需依次填写，注意长宽高必须为整数。

货品重量是有限制条件的。重量限制要求是不超过 30 kg；填写好已注册好的【货品编码】后，货品名称和 HS CODE 会自动匹配出来。

商家可以根据在图 6-2-21 所示的图中进行以下操作路径，查看头程单。

操作路径：进入商家工作台—【操作中心】—【头程管理】—【头程单查询】。

图 6-2-20　箱单信息

头程单号	目的国	运输方式	客户订单号	订单总重量(kg)	订单总体积(cm3)	订单状态	创建时间	操作
FL000000000000215001	法国	快递		1|--	20000|--	已接单	2017-04-26 14:14:03	查看详情
FL000000000000214001	法国	快递		1|--	20000|--	创建订单	2017-04-26 14:05:08	查看详情
FL000000000000213002	法国	快递	f-4	1|--	30|--	已接单	2017-04-26 11:47:14	查看详情
FL000000000000213001	法国	快递		1|--	54000|--	创建订单	2017-04-26 11:26:03	查看详情
FL000000000000209004	法国	快递		1|--	2|--	已接单	2017-04-21 11:35:09	查看详情
FL000000000000207002	法国	快递	f-3	1|--	2|--	创建订单	2017-04-21 11:08:27	查看详情
FL000000000000207001	西班牙	快递		1|0.022	1|6	入库成功	2017-04-20 14:31:09	查看详情

图 6-2-21　头程单查看

箱单创建好后，头程单会转化为入库单，商家可以根据入库单查看海外仓实际收货上架信息。选用自发头程（Other），在创建完头程单后便会直接生成对应的入库单，操作路径：【操作中心】—【仓储管理】—【入库单管理】（图 6-2-22）。

入库管理完成后，可打印箱唛。

在头程单提交后，需要打印箱唛并贴在发货箱上。其操作路径在图 6-2-23 所示的页面上完成。操作路径：【操作中心】—【头程管理】—【头程单查询】，通过头程管理单、客户订单号查询到需要打印箱唛的头程单，点击【查看详情】，点击【打印标签】或者勾选需要打印的项目进行【批量打印标签】。用 A4 纸或 150*100 热敏纸打印，并正确粘贴在箱子上。

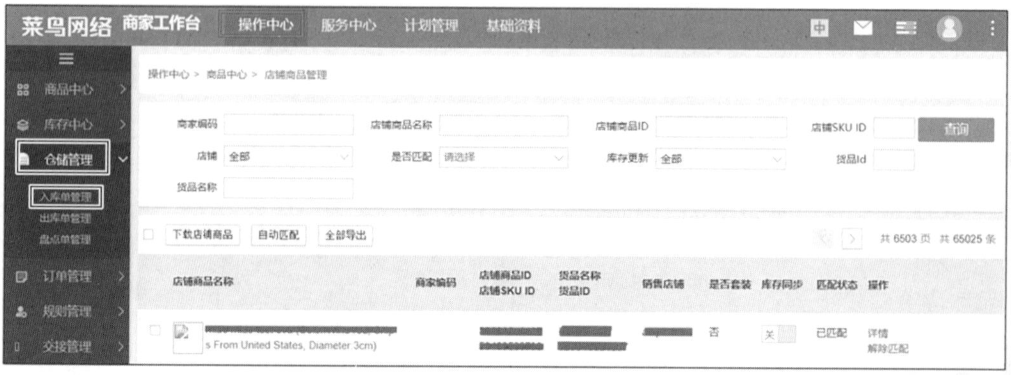

图 6-2-22 入库单

图 6-2-23 箱唛打印操作

箱唛。下面是头程单-箱唛示例（图 6-2-24）。

图 6-2-24　箱唛示例

货品标签示例（如图 6-2-25）。

图 6-2-25　货品标签示例

唛头，音译名词，即“Mark”。在对外贸易中，“唛头”是为了便于货物的识别和防止货物的丢失。它通常由模型、图形或寄售单位组成，还包括目的港、件数或批号。其功能是使货物在装卸、运输和储存过程中易于识别，防止误运。

箱唛是指瓦楞纸箱上印刷的说明所装产品名称、数量及瓦楞纸箱尺寸等的图案和文字，一般标明客户、指运港、箱号、数量、原产地等，内容与实际货物相符。正唛是箱唛的内容，由客户确定。

根据印制的位置可分为正唛、侧唛，正唛印在箱子的长方向，侧唛印在箱子的宽方向；如果箱子的长方向两面印的内容不同，为了区分，把正唛分为条唛和正唛。条唛为连着钉条的长方向，另一面则为正唛。

五、货品包装示例

货品备货到海外仓商家需要事先为每件货物自备物流包装，禁止透明包装、有颜色图片包装甚至无包装的货品。图 6-2-26 是货品包装示例，打√的为正确做法。

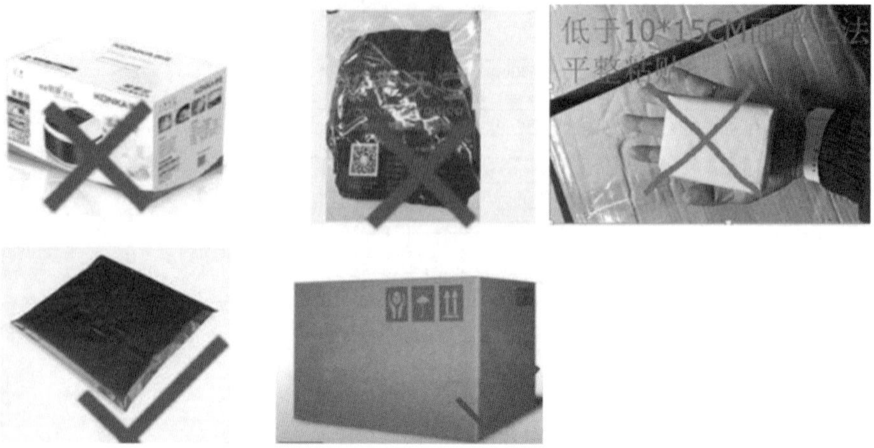

图 6-2-26　货品包装示例

有几点要特别留意，一是货品物流包装要封好口，如图 6-2-27。

图 6-2-27　货品包装封口

二是根据货品特性，做好包装内的货品保护。易碎品，如灯具、玻璃制品、电子屏幕等，需要有适当的填充材料进行防护，如图 6-2-28。

图 6-2-28　货品保护

三是货品包装不能太小，不能小于 15*10 cm，否则面单无法粘贴或者粘贴后无法扫描，导致产生尾程派送额外费用。如因货品包装不当造成损坏，商家需承担相应的责任。

粘贴货品标签。打印后请检查标签信息的完整性和清晰度，请确保可以被扫描枪识别；为了保证货物能正确分拣，每个包裹和单品上都应有唯一的条码打印的条码纸，尺寸建议是 75mm*25mm 热敏不干胶条码纸。打印机建议用斑马 LP2844 条码打印机，在贴 SKU 条码时，将条码贴到最大面的边角处，如图 6-2-29。

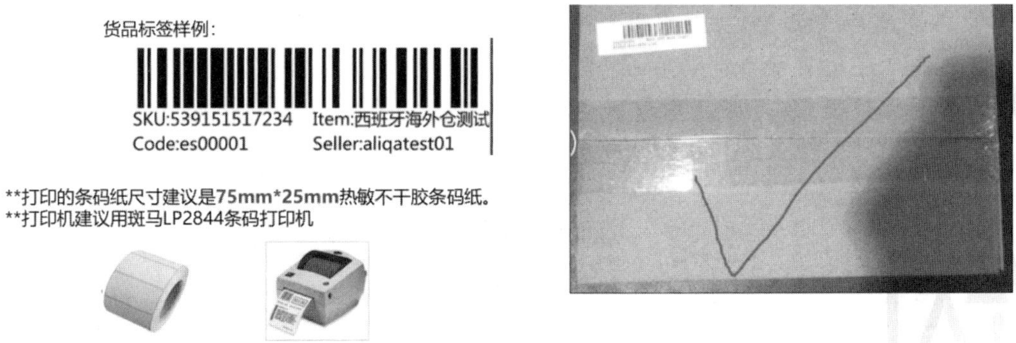

图 6-2-29　货品标签粘贴

六、菜鸟海外仓备货流程

菜鸟海外仓备货流程如图 6-2-30 所示：

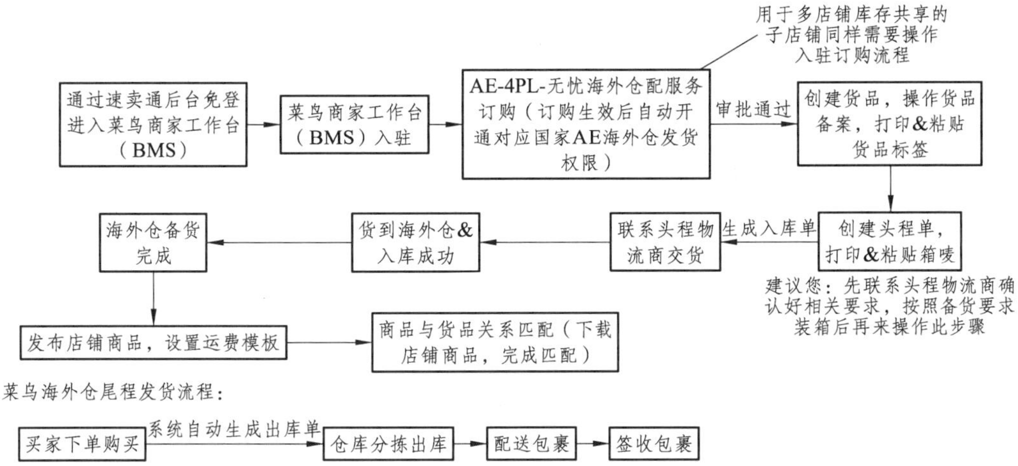

图 6-2-30　菜鸟海外仓头程备货流程

菜鸟海外仓尾程发货流程如图 6-2-31。

图 6-2-31　菜鸟海外仓尾程发货流程

七、AE 海外仓价值

（一）海外仓更快实现买家体验

提到跨境电商供应链物流，你的痛点和期待是什么，是权益!!! 围绕买家体验，实现海外仓 X 日达。

2020 年双 11，官方仓有近 3 万个订单实现了次日妥投。

更好的买家体验体现在以下方面：

一是从商品、购物车、订单等展现 X 日达标识，提升消费者购物心智。

二是 X 日达商品搜索流量曝光提升，商品点击率明显提升。

三是 X 日达商品参加平台活动优先选入。

四是满足要求的成交商家享受佣金减免或尾程补贴。

图 6-2-32 是海外仓的宣传图示，把对商家的提升服务展示了出来。

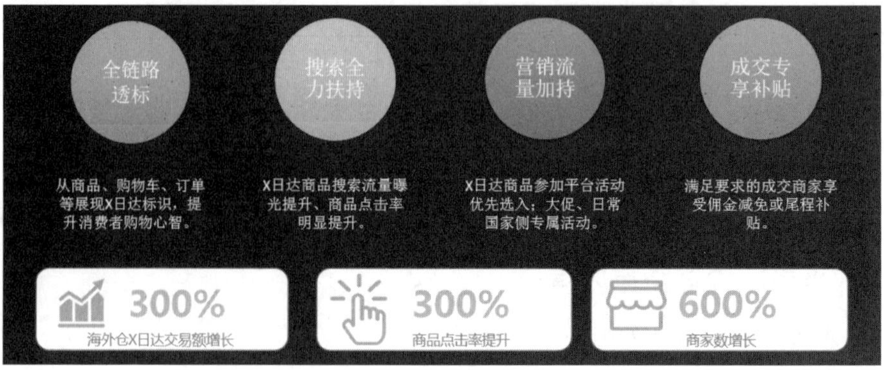

图 6-2-32　海外仓宣传

五是海外仓覆盖 25 国。欧盟+英国共 11 仓覆盖 25 国：西班牙*3+波兰*2+法国*2+英国*1+德国*1+捷克*1+比利时*1。

（二）建设海外仓的成本构成

建设海外仓的成本构成可由两种方式去考虑。

第一种是 AE 官方仓配送报价方式：仓配一体价。

第二种是市场仓报价方式：仓储费+订单操作费+入仓费+燃油费+各种隐性费用合计（见表 6-2-1）。

表 6-2-1　海外仓的市场仓报价

重量段	西班牙-西班牙	波兰-波兰	法国-法国	比利时-法国	捷克-德国
250 g（含）以内	3.54	4.06	4.66	4.75	4.44
251 g 至 500 g（含）	3.78	4.06	5.11	5.22	4.47
501 g 至 750 g（含）	4.21	4.06	5.59	5.71	4.49
750 g 至 1 kg（含）	4.21	4.06	5.97	6.11	4.51
1 kg（不含）至 2 kg（含）	4.76	4.23	6.69	6.96	4.76
2 kg（不含）至 3 kg（含）	6.11	4.54	7.54	7.92	5.15
3 kg（不含）至 4 kg（含）	6.55	4.54	8.07	8.57	5.23
4 kg（不含）至 5 kg（含）	7.16	4.54	8.62	9.21	5.32
泛欧覆盖国家	15	25	25	25	25

（三）配置物流模板

（1）配置物流模板。

（2）勾选海外仓、发货国家。

（3）设置发货类型，如图 6-2-33 所示。

图 6-2-33　发货类型

任务实施

活动 1：分组讨论试用速卖通海外仓的作用。

活动 2：编写 AE 电商海外仓介绍 PPT 并进行 PPT 讲解。

【学习笔记】

项目 7　跨境电商物流与支付结汇提现

任务 7-1　认识跨境电商物流特点

任务目标

知识目标：

1. 了解跨境电商物流分类和特点；
2. 熟悉跨境电商物流运费模板的设置方法。

技能目标：

1. 能根据店铺特点设置运费模板；
2. 能根据实际运营情况优化运费模板。

工作任务

设置跨境电商运费模板。

相关知识

跨境电商的物流渠道多种多样，那些安全性好、可跟踪性强的，可以让买家随时了解物品运送状态。时效性好、可控性强、物品能够在买家期望的运送时间内送达，在确保不违反前两条的前提下的服务好、性价比高的物流方式，是卖家在寻求海外仓合作时考虑的要点。跨境电商平台对卖家的货运服务有严格要求，与众多优秀国际物流企业与快递配送服务商建立了稳定的战略合作关系，配送范围涵盖范围广，快速通达全球的物流渠道，深受境内外买家的喜爱。

图 7-1-1 是按经济类、标准类、简易类、快速类（商家从商品价格、商品重量、客户需求、物流时效、渠道稳定性等多角度对物流渠道进行分类，根据自身情况去综合考量设置合适的渠道）进行物流渠道分类。

一、选定物流渠道

图 7-1-2（a）是网页面上物流渠道的示例方案，图 7-1-2（b）是网页面上物流渠道的其他方案。

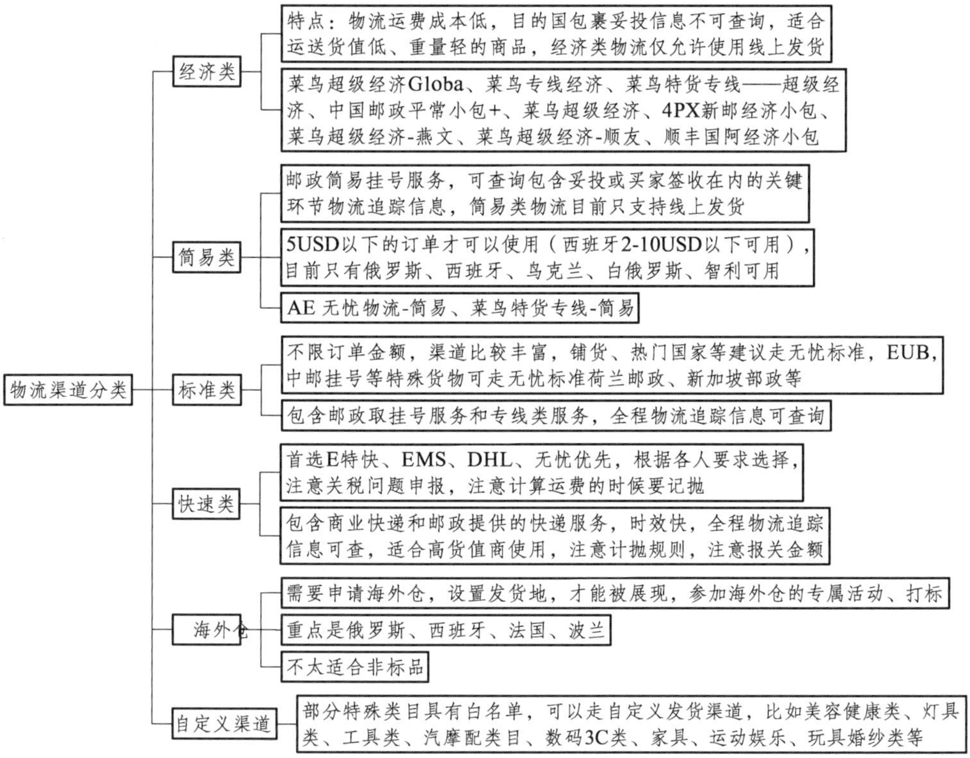

图 7-1-1 物流渠道分类

（a）

其他方案

服务名称	线路等级	推荐指数	预估时效	试算运费	折扣运费	未收到货纠纷率	DSR物流评分	可线上发货	赔付规则说明	操作
菜鸟特货专线 - 标准	标准	78	25 - 60天	请输入包裹长/宽/高/重		2.65%	4.67	支持	物流承诺60天，赔付上限300RMB	查看详情
菜鸟大包专线	标准	76	15 - 35天	请输入包裹长/宽/高/重		5.44%	4.52	支持	物流承诺60天，赔付上限800RMB	查看详情
通邮	标准	75		请输入包裹长/宽/高/重		3.48%	4.71	不支持		
AliExpress 无忧物流-优先	特快	69	15 - 30天	请输入包裹长/宽/高/重		5.6%	4.75	支持	物流承诺35天，赔付上限1200RMB	
菜鸟特货专线 - 简易	简易	49	25 - 60天	请输入包裹长/宽/高/重		17.34%	4.14	支持	物流承诺35天到达目的国，赔付上限35RMB（海外段不支持赔付）	查看详情
菜鸟特货专线 - 超级经济	经济	39	35 - 60天	请输入包裹长/宽/高/重		13.17%	4.24	支持		查看详情
通邮特货经济	经济	28		请输入包裹长/宽/高/重		18.11%	4.41	不支持		
飞特特货经济	经济	14		请输入包裹长/宽/高/重		18.93%	3.75	不支持		
菜鸟特货专线-标快	标准			请输入包裹长/宽/高/重		5.98%	4.59	支持		
燕文特货挂号	标准			请输入包裹长/宽/高/重		36.08%	2.40	不支持		
燕文特货经济	经济			请输入包裹长/宽/高/重		41.69%	3.26	不支持		
顺友特货经济	经济			请输入包裹长/宽/高/重		24.73%	3.37	不支持		
中邮e邮宝			10 - 60天	请输入包裹长/宽/高/重				支持		
E特快			28 - 64天	请输入包裹长/宽/高/重				支持		查看详情
Automatic shipping (virtual good)				请输入包裹长/宽/高/重				不支持		
卖家自定义-中国	OTHER			请输入包裹长/宽/高/重				不支持		

（b）

图 7-1-2　物流渠道

二、新建运费模板（图 7-1-3）

在图 7-1-3 所示的这个页面上，依页面提示，进行运费模板新建和编辑工作。

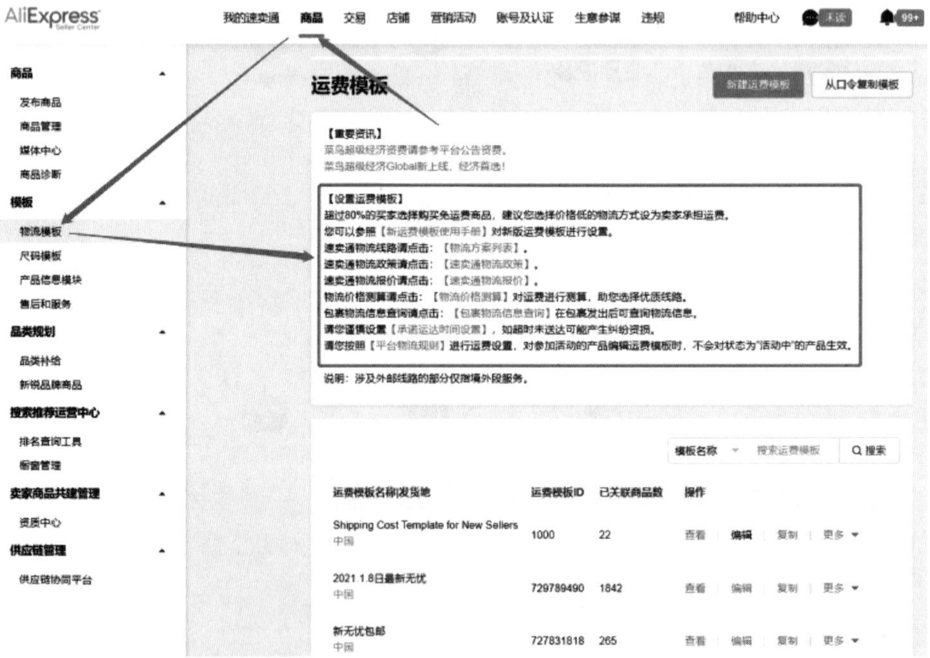

图 7-1-3　新建运费模板

三、编辑运费模板

编辑物流模板（图 7-1-4），要了解以下事项。

（1）物流模板涉及的相关内容（图 7-1-5）。

（a）

AliExpress 无忧物流-标准
导入线路设置
标准运费
卖家承担
自定义运费
目的地
运费计费规则
承诺运达时间
操作
运费计算方式
标准运费
减免百分比
55
%
即4.5折
平台标准配置
60-75 天
查看详情
删除
共17个国家/地区
亚美尼亚, 格鲁吉亚, 东帝汶, 马里亚纳群岛, 密克罗尼西亚(美), 马绍尔群岛, 基里巴斯, 纽埃岛(新), 所罗门群岛, 帕劳(美), 汤加, 图瓦卢, 冰岛, 立陶宛, 卢森堡, 北马其顿, 斯洛伐克
全部
运费计算方式
标准运费
减免百分比
30
%
即7折
删除
共5个国家/地区
捷克, 希腊, 克罗地亚, 瑞典, 墨西哥全部
运费计算方式
标准运费
减免百分比
65
%
即3.5折
删除
共15个国家/地区
Hong Kong,China, 柬埔寨, 哈萨克斯坦, 巴基斯坦, 科克群岛(新), 托克劳群岛(新), 保加利亚, 丹麦, 芬兰, 爱尔兰, 拉脱维亚, 挪威, 葡萄牙, 斯洛文尼亚, 皮特凯恩群岛
全部
运费计算方式
标准运费
减免百分比
40
%
即6折
删除
共6个国家/地区
泰国, 印度尼西亚, 比利时, 奥地利, 加拿大, 瑞士
全部
运费计算方式
标准运费
减免百分比
75
%
即2.5折
删除
共23个国家/地区
以色列, 日本, 韩国, 马来西亚, 新加坡, 土耳其, 美国, 澳大利亚, 新西兰, 德国, 西班牙, 法国, 意大利, 荷兰, 波兰, 俄罗斯, 乌克兰, 英国, 白俄罗斯, 巴西, 智利, 沙特阿拉伯, 阿拉伯联合酋长国
全部
运费计算方式
卖家承担
删除
若不在以上国家/地区内
运费计算方式
标准运费
减免百分比
0
%
不减免

（b）

发货地：中国 (5)
经济类
简易类
标准类 (1)
快速类 (4)
其他类
物流方案列表
快速类物流方案包含邮政快递、商业快递，时效快全程物流追踪信息可查询，适合高货值商品使用。
AliExpress 无忧物流-优先
EMS
E特快
DHL
UPS全球速快
UPS全球快捷
Fedex IP
Fedex IE
DPEX
顺丰速运
UPS全球快捷
导入线路设置
标准运费
卖家承担
自定义运费
目的地
运费计费规则
承诺运达时间
所有该线路可到达的地区
减免百分比
0
%
不减免
平台标准配置
35 天
查看详情
UPS全球速快
导入线路设置
标准运费
卖家承担
自定义运费
目的地
运费计费规则
承诺运达时间
所有该线路可到达的地区
减免百分比
0
%
不减免
平台标准配置
35 天
查看详情
DHL
导入线路设置
标准运费
卖家承担
自定义运费
目的地
运费计费规则
承诺运达时间
所有该线路可到达的地区
减免百分比
0
%
不减免
平台标准配置
35 天

（c）

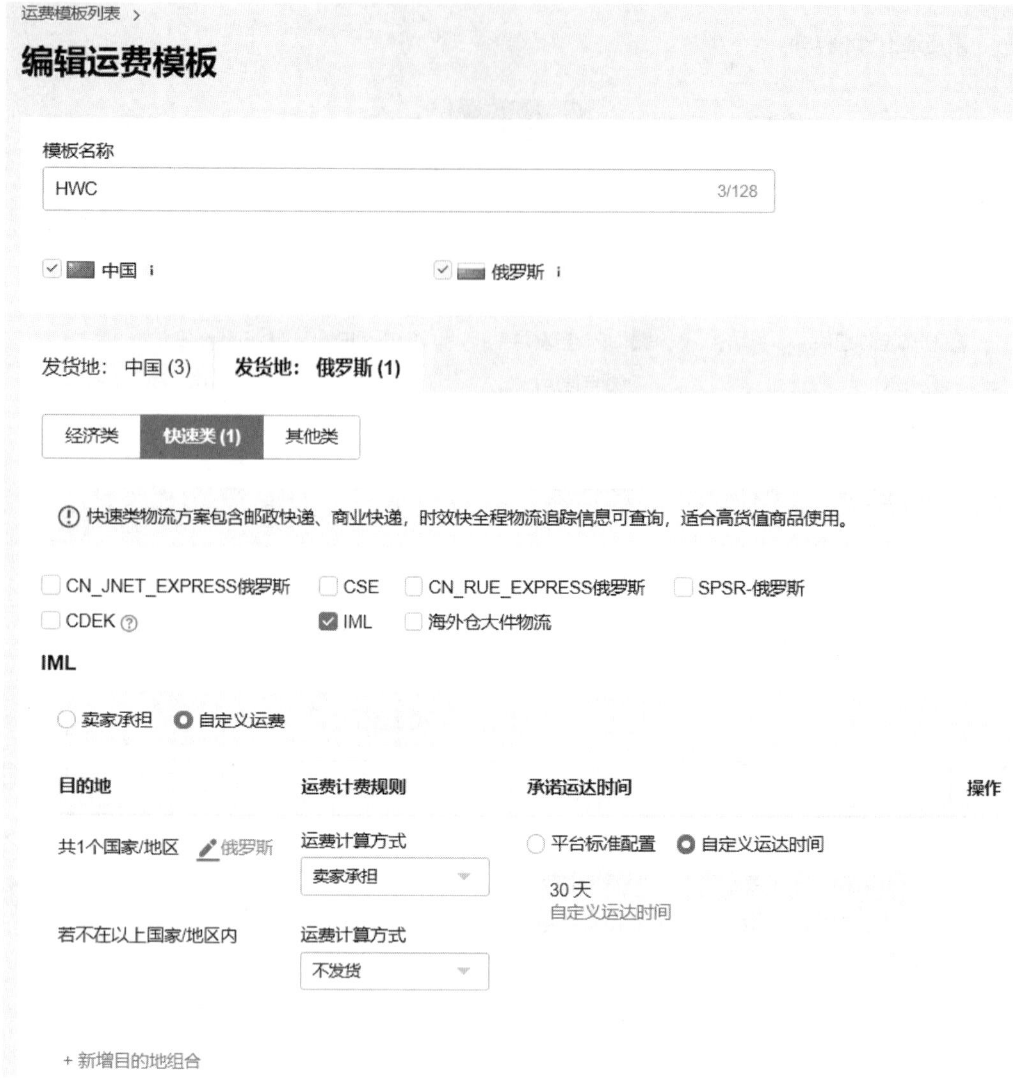

（d）

图 7-1-4　编辑运费模板

（2）速卖通运费模板设置流程。

运费模板设置流程：先下载 [速卖通物流报价] 表格（知道物流的渠道及价格），再根据销售价格、商品重量（找到适合自己的方式计算运费）设置合适的运费模板（图 7-1-6）。

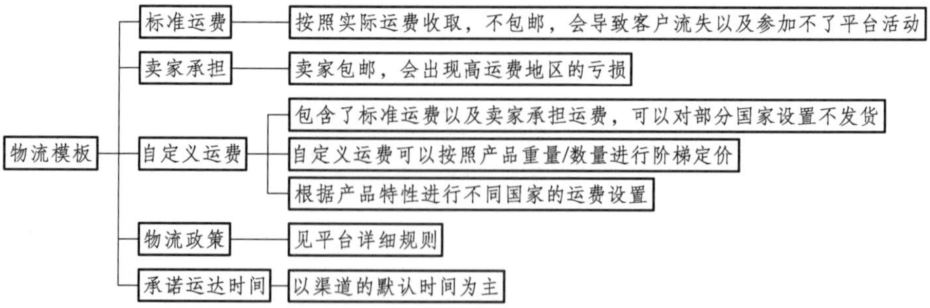

图 7-1-5　物流模板内容

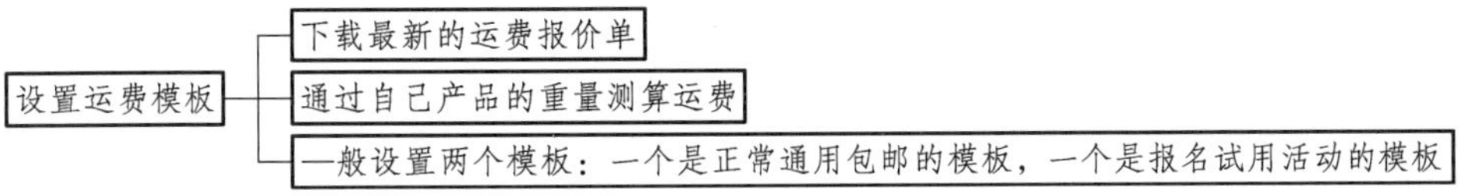

图 7-1-6　设置运费模板

（3）模板设置思路要清晰（图 7-1-7）。

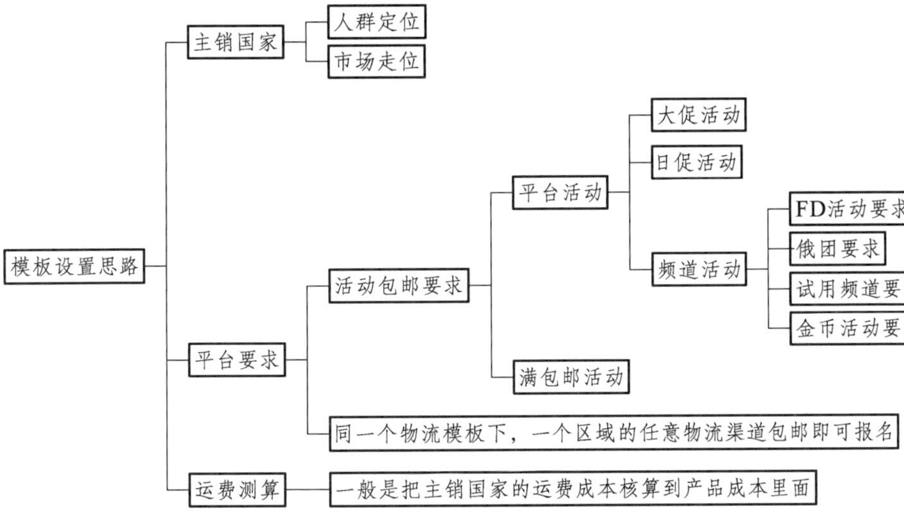

图 7-1-7　模板设置思路

前面我们已了解了海外仓商品涉及的 VAT 增值税。VAT 是欧盟国家的售后增值税。当货物进入欧盟成员国，货物缴纳进口税；当货物销售后，商家可以退回进口增值税，再按销售额计算相应的销售税。跟国内增值税中，销项税可以用进项税抵消是一个道理。

增值税计算公式为：

增值税=（优惠后商品价格+运费）*买家所在国 VAT 税率

任务实施

活动 1：分析所需寄送商品特点，走什么类型的渠道。

活动 2：设置合理的运费模板。

活动 3：完成跨境物流发货。

【学习笔记】

任务 7-2　速卖通提现结汇

任务目标

知识目标：

1. 熟悉速卖通店铺资金账户设置路径；
2. 速卖通支付提现结汇路径。

技能目标：

1. 能够掌握支付宝国际账户设置；
2. 掌握提现和结汇的区别。

工作任务

能够从支付宝国际账户中提现。

相关知识

一、商家资金账户

商家资金账户形式如储蓄卡、信用卡、PayPal、WebMoney等，但都需要和商家账户绑定。

动画　支付宝国际账户 7-2

二、商家资金账户设置

1．资金账户设置

速卖通卖家在如图 7-2-1 所示的页面上开始资金账户设置。速卖通平台已为商家开通支付宝国际账户，商家只需激活即可。

图 7-2-1　资金账户

2．支付宝国际账户

速卖通商家的支付宝国际账户无须速卖通卖家额外开通。系统会为卖家开店后自动开通支付宝国际账户。届时商家可以从速卖通页面—交易—资金账户—支付宝国际账户跳转进入支付宝国际账户页面进行资金查看。后续商家的平台放款、菜鸟运费扣款、佣金扣除等都可以在支付宝国际账户里进行查询（图 7-2-2）。

视频 支付宝国际账户 7-2

图 7-2-2　国际账户

3．速卖通商家支付宝国际账户的主要功能

速卖通商家店铺绑定的支付宝国际账户的主要功能有：转账和提现，该账户不支持线下支付。USD 账户可转账和提现（结汇）。转账支持转出到同名公司银行账户、供应商公司账户和商户关联人如法人、股东或者董事个人银行账户，以及万里汇账户，但能否收款受银行相关要求影响；提现即结汇，可结汇到公司法定代表人的个人支付宝账户或者同名支付宝内地企业账户。CNY 账户可转账到法定代表人的个人支付宝账户、同名支付宝内地企业账户或者第三方支付宝账户。

4．账户余额计算

账户余额 = 可用余额 + 冻结余额

可用余额即商户可以提取的资金；冻结余额：提前放款保证金冻结和司法冻结（法院的 TRO 令）（图 7-2-3）。

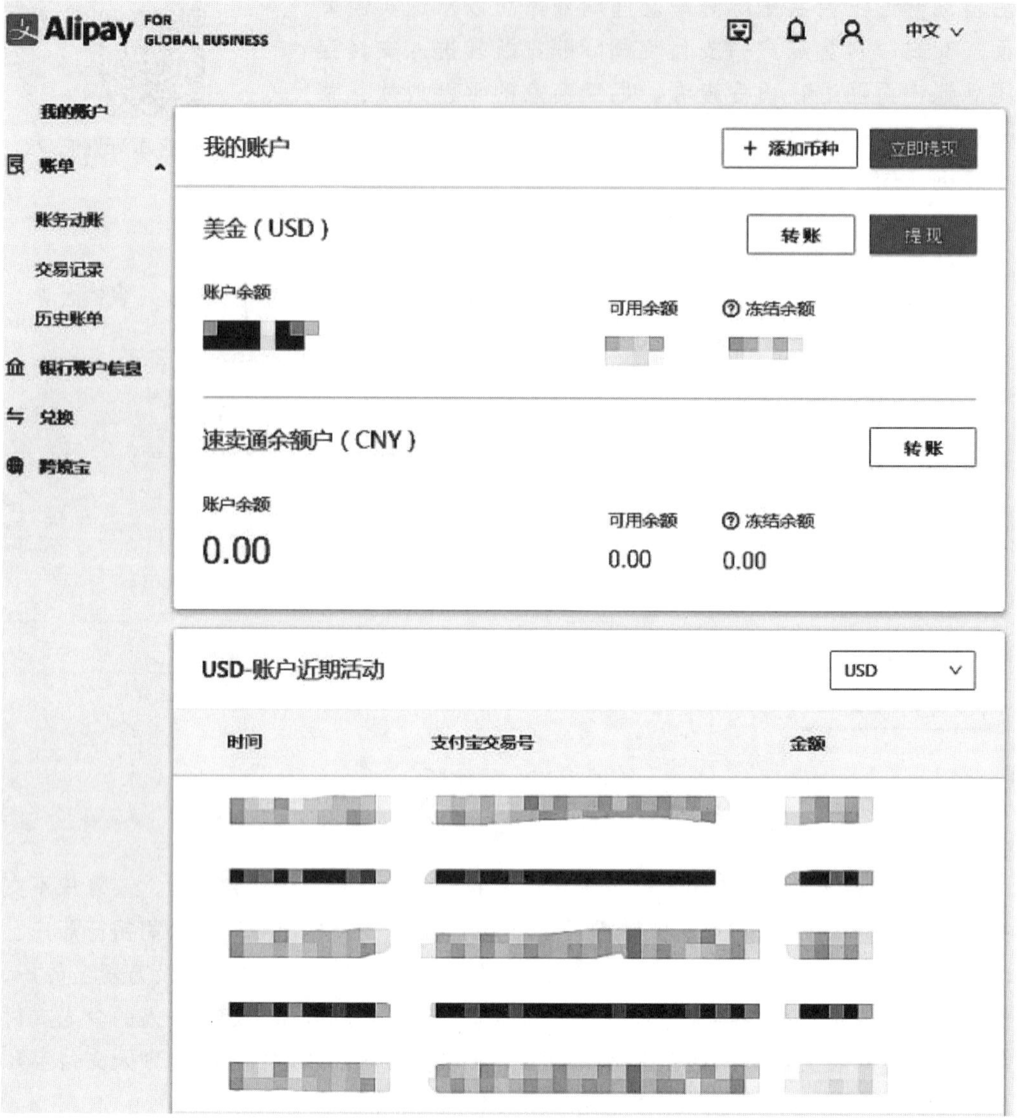

图 7-2-3　账户余额

三、转账和结汇的区别

转账是指通过支付宝国际账户，将可用余额转入关联的银行账户或者万里汇账号，关联的银行账户可以是同名公司、供应商公司账户或者是法人、董事、股东个人账户，美元转账即转出资金是美元，收到的也是美元。

提现是指将支付宝国际账户中的可用余额，转入至法定代表人的支付宝个人账户或和公司同名的支付宝内地企业账户中。

转账和结汇的具体区别可参考表 7-2-1：

表 7-2-1　转账和结汇的区别

币种账户	操作类型	到账币种	支持的收款账户	到账时效	手续费
USD	转账	USD	境内或境外银行账户（个人或对公账户）	7 个工作日	单笔 15 美元，有时中转行可能会额外收取
			万里汇账户	工作日 9:00 ~ 21:00 实时到账非工作日操作可能会失败	免费
			*支付宝国际账户（非祖国大陆客户）	实时	免费
USD	提现	CNY	支付宝账户	几分钟	推广期间免费
CNY	转账	CNY	支付宝账户	几分钟	免费

备注：

1. 速卖通国内专家的 Alipay Business（支付宝国际账户）暂时还不能接受来自于其他 Alipay Business 账户的转账款。
2. USD 转账至个人账户时，建议先和收款行核实能否入账，支付宝支持转出，能否入账由银行处理决定。

目前支付宝国际账户和速卖通账户是绑定的，暂无独立的登录账号和登录密码。该支付宝国际账户暂不能用于接收个人或企业的付款、转账、充值等。

比如卖家的海外买家拍错了，需要退款，卖家是不能通过支付宝国际账户给该客户进行转账来完成退款的。

支付宝国际账户的金额和卖家店铺的销售额并不是等同的。支付宝国际账户相当于一个电子钱包，卖家的销售（交易放款）、赔付款都会以收款形式到达卖家的支付宝国际账户。后续交易产生的款项也会到达卖家的支付宝国际账户，这些费用包括交易佣金、菜鸟的扣费、资金冻结等。包括以下几种情况：

① 交易佣金、菜鸟的扣费等会随交易情况，不定时到达卖家的支付宝国际账户；

② 如果是提前放款或者有司法案件时，会发生资金冻结；

③ 卖家可能会做提现或转账的资金提取的操作。

速卖通资金结算页面的金额是不含扣费等账务流出的，所以支付宝国际账户的金额和速卖通资金结算页面的金额是不同维度的。

资金结算记录在如图 7-2-4 的网页面中可以实现。可以看到订单资金记录、订单放款记录、订单退款记录、平台垫资归还等信息。

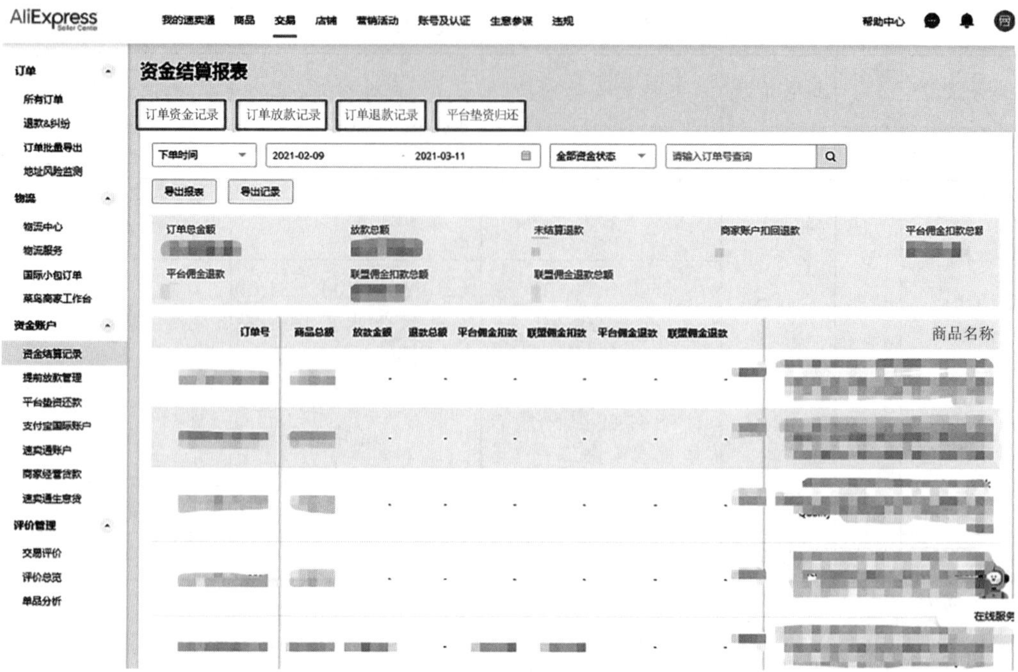

图 7-2-4　资金结算报表

四、提前放款管理（图 7-2-5）

视频　提前放款 7-2

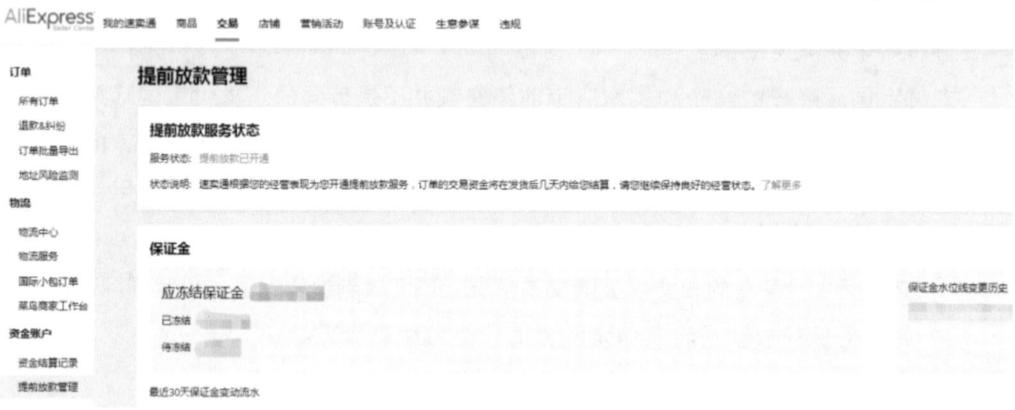

图 7-2-5　提前放款管理

（一）提前放款服务内容

（1）提前放款服务是针对平台优质卖家推出的资金扶持产品，平台会根据客户店铺经营情况综合评估是否开通提前放款，以及对开通提现放款的店铺计算出需要冻结的保证金金额作为风险保障。准入签约后即算出冻结金额，由系统执行冻结。平台根据卖家的经营情况评估出需冻结的保证金额度，冻足（多退少补）该额度后，后面发货的订单通过提前放款审核后会进行全额放款。

（2）每笔订单是否执行提前放款也需要根据店铺经营情况综合评估，无法执行的需要按普通放款模式即交易结束+15 天后再放款。

（3）提前放款订单的放款时间通常为卖家发货后的 3～5 天（受限于银行资金清算给速卖通的时间）。

（二）提前放款流程（图 7-2-6）

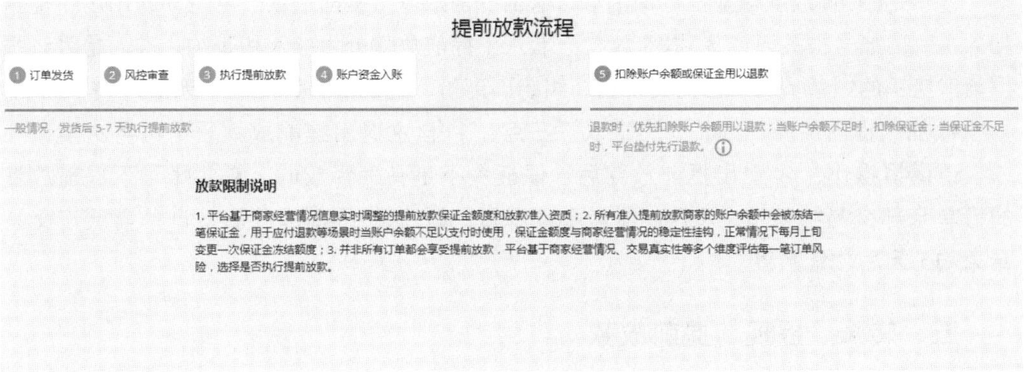

图 7-2-6　提前放款流程

从提前放款流程图中，我们可以看出提前放款流程包括：① 订单发货；② 风控审查；③ 执行提前放款，一般情况，发货后 5～7 天执行提前放款；④ 账户资金入账；⑤ 扣除账户余额或保证金用以退款。具体来说：退款时，优先扣除账户余额用以退款；当账户余额不足时，扣除保证金；当保证金不足时，平台垫付先行退款。

（三）如何加入提前放款计划

动画　速卖通的提前放款 7-2

1．提前放款即特别放款目前不支持卖家自主申请

系统根据卖家的综合指标，例如好评率、拒付、纠纷等算法逻辑自动评估并对符合要求的卖家账号开通提前放款。加入提前放款后，卖家在速卖通后台【交易】—【资金账户管理】—【提前放款保证金查询】页面会被提示有保证金冻结。

2．使用提前放款计划时的注意事项

（1）账号被关闭，订单将不再进行提前放款，要等进行中的订单陆续完成，保证金才会陆续释放。

（2）提前放款一旦主动退出后不能再申请加入。

3．提前放款保证金额度

平台会根据卖家的经营水平及各种数据指标自动评估和计算各店铺需冻结的提前放款保证金额度，例如卖家的交易额、纠纷率、好评率等数据指标。

系统采取多退少补的方式冻结提前放款保证金。例如：卖家 A 有 1 500 $的提前放款美元保证金在冻结中，现在被评估需要冻结的固定保证金是 500 $，那剩下的 1000 $会当下释放到可提现账户。若评估冻结的保证金是 2 000 $，需补足的 500 $会先从卖家可提现账户进行扣款，若可提现账户余额不足，后面新进放款的订单需补足保证金后再进行放款。

查询提前放款保证金详情步骤：登陆【交易】—【资金账户管理】—【提前放款

保证金查询】页面查看商家账号的提前放款保证金详情。

4．提前放款保证金解冻时间

提前放款保证金会有解冻时间要求，以下三种情况会在店铺所有提前放款的订单全部交易结束+15 天后，释放提前放款保证金：

① 在【提前放款保证金查询】申请退出提前放款（提前放款一旦主动退出后不能再加入）；② 账号被关闭；③ 提前放款不准入（提前放款分为准入和签约，准入是系统根据商家店铺的经营情况，包括交易量、纠纷、评价、退款等去评定的，无法人为干预）。

欲加入提前放款计划，需注意以下三点：① 自主退出提前放款后不可再次申请加入，请谨慎操作；② 退出提前放款后，保证金不是马上释放的，需要账号下提前放款的订单全部交易结束+15 天后，才能全部释放；③ 退出提前放款后，订单需要在交易结束+15 天后才能放款。

五、转账、提现、提前放款

图 7-2-7 至图 7-2-20 展示了资金账户使用情况，包括转账、提现、提前放款等具体操作。

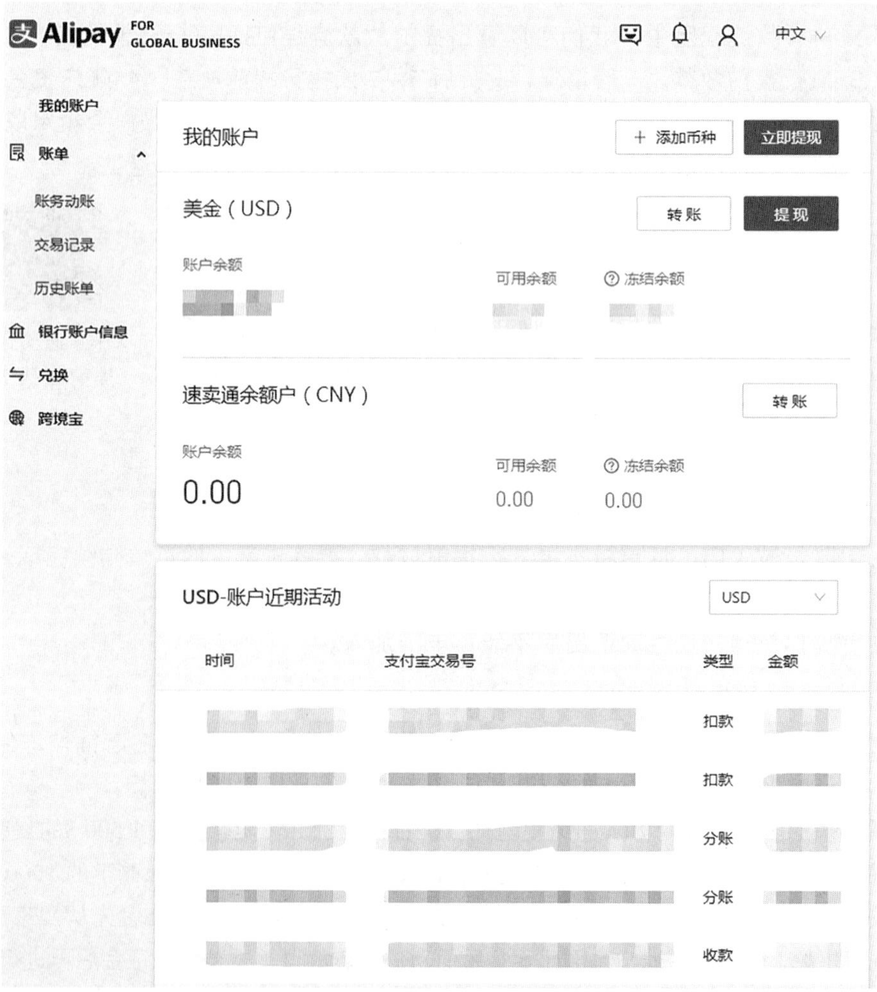

图 7-2-7　资金余额使用

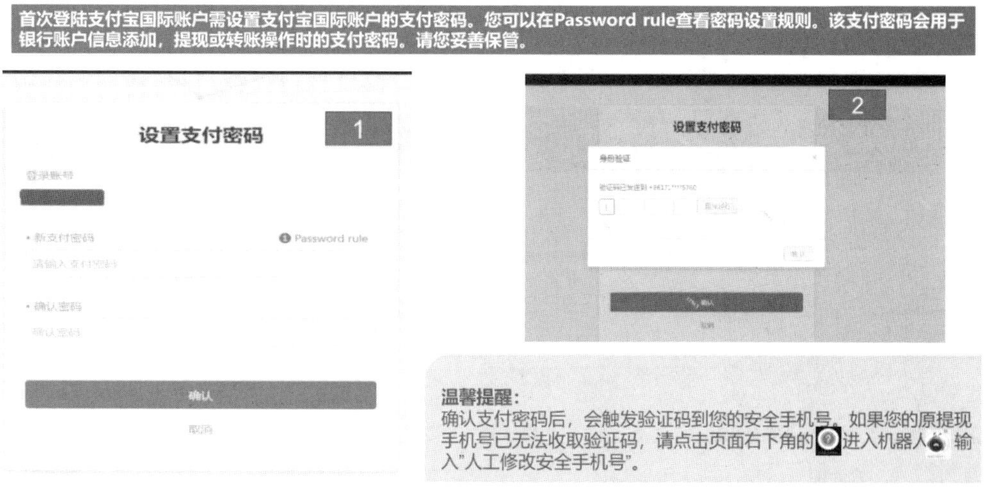

图 7-2-8　设置支付宝密码

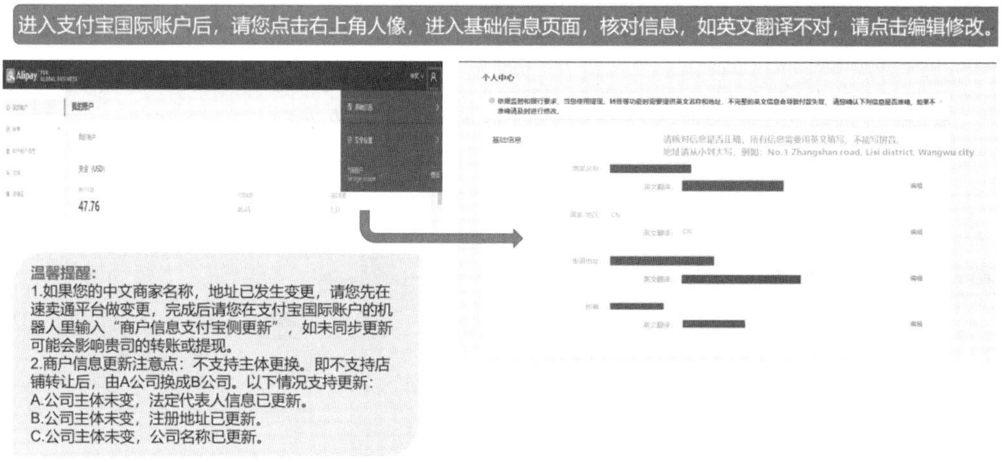

图 7-2-9　核对支付宝账户信息

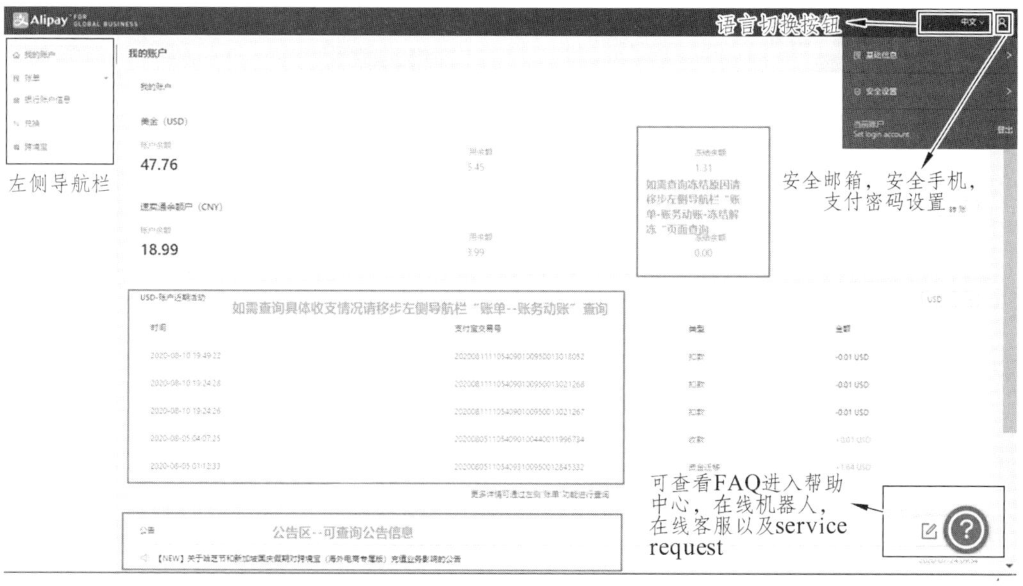

图 7-2-10　查询支付宝账户金额

图 7-2-11　提示支付宝账户可转账和结汇

图 7-2-12　绑定多个商家账户

图 7-2-13　管理支付宝账户

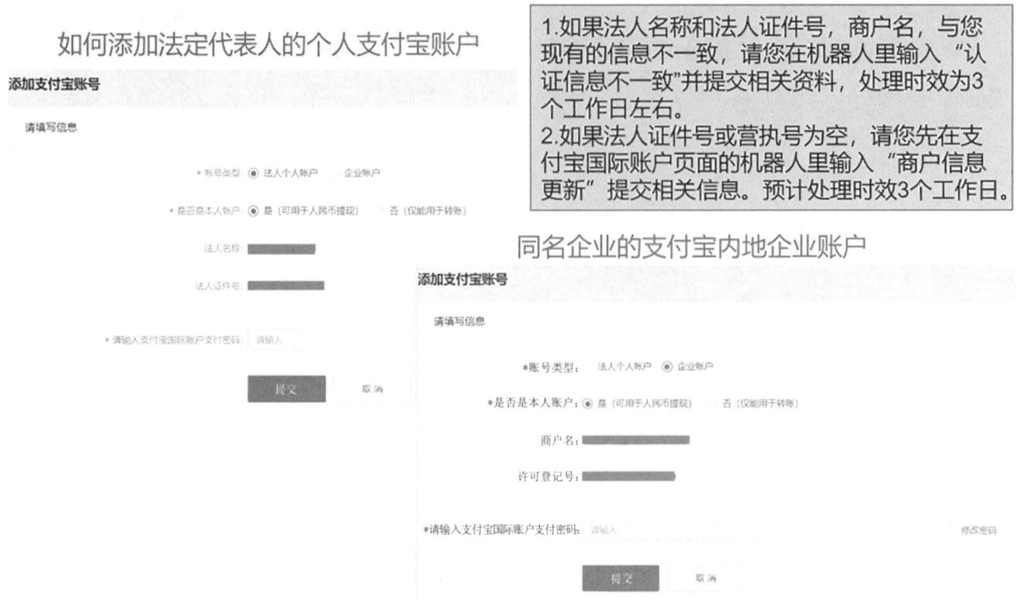

图 7-2-14　在支付宝账户上添加商家企业法人信息

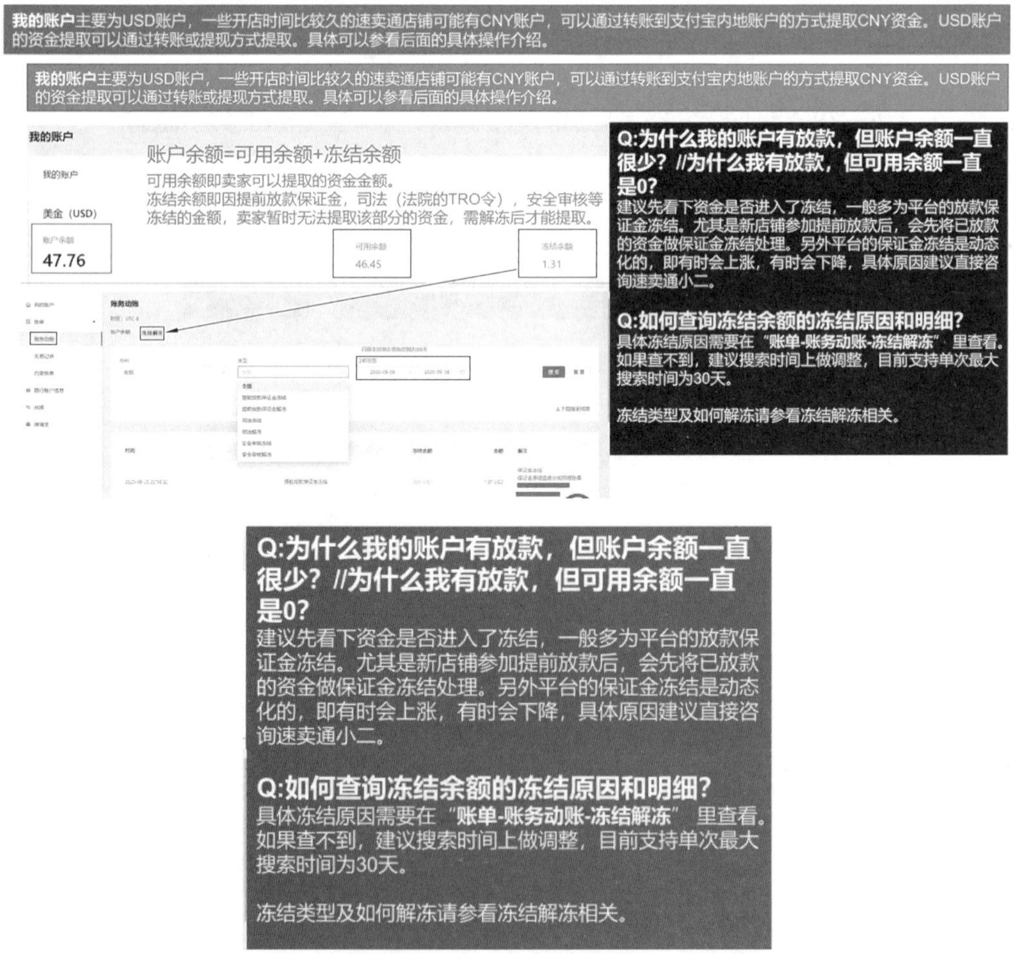

图 7-2-15　资金操作

转账入口----“我的账户”----“转账”。

转账类型	特点
转账到境内外银行账户	单笔15美金，一般要7个工作日左右到账。具体看银行处理时效。
转账到万里汇账户	需要卖家在万里汇开户，支付宝国际账户转账到万里汇免费，但从万里汇账户提取资金的手续费建议咨询万里汇。工作日固定时间内准实时到账。
转账到支付宝国际账户	目前仅支持到海外企业的支付宝国际账户（非国际支付宝账户）

图 7-2-16　转账及 USD 转账

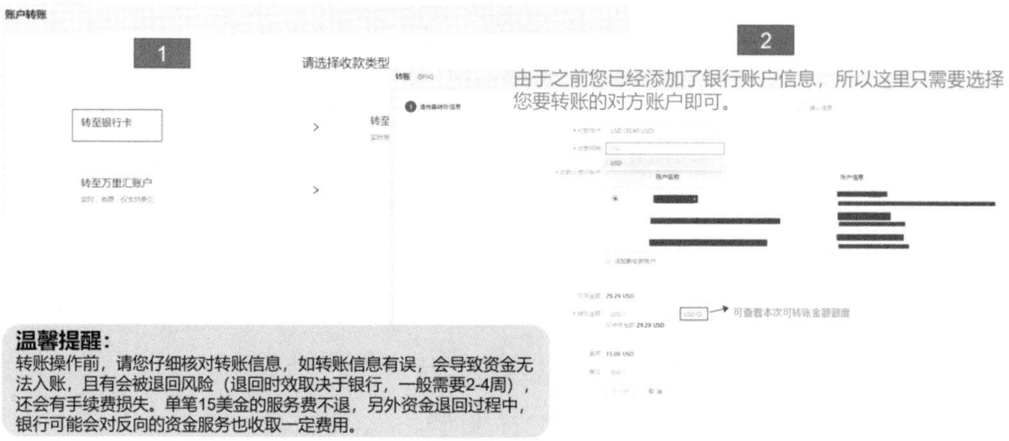

图 7-2-17　转账实操——USD 到银行卡

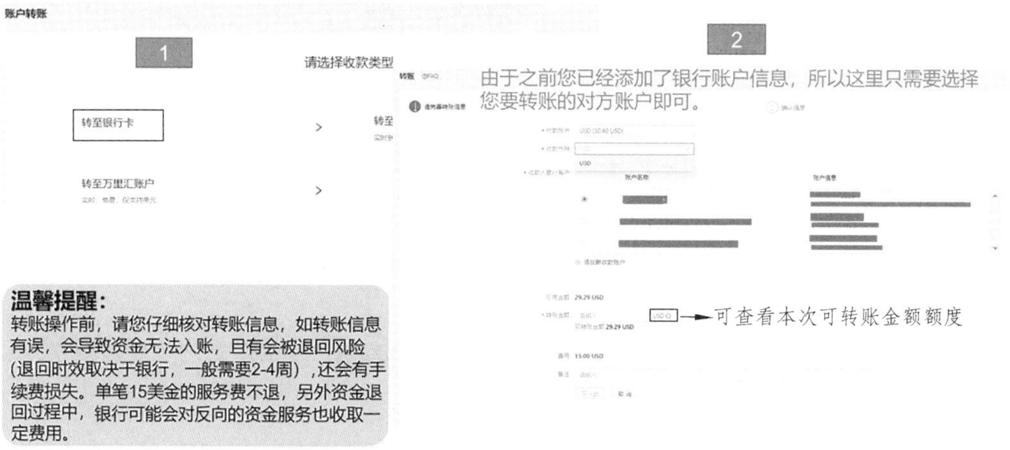

图 7-2-18　转账实操——USD 到万里汇

提现入口----“我的账户”----“转账”。提现即结汇，即实际到账金额为人民币。提现到支付宝内地账户的，目前只支持提现到法定代表人的个人支付宝账户或者同名企业支付宝账户。

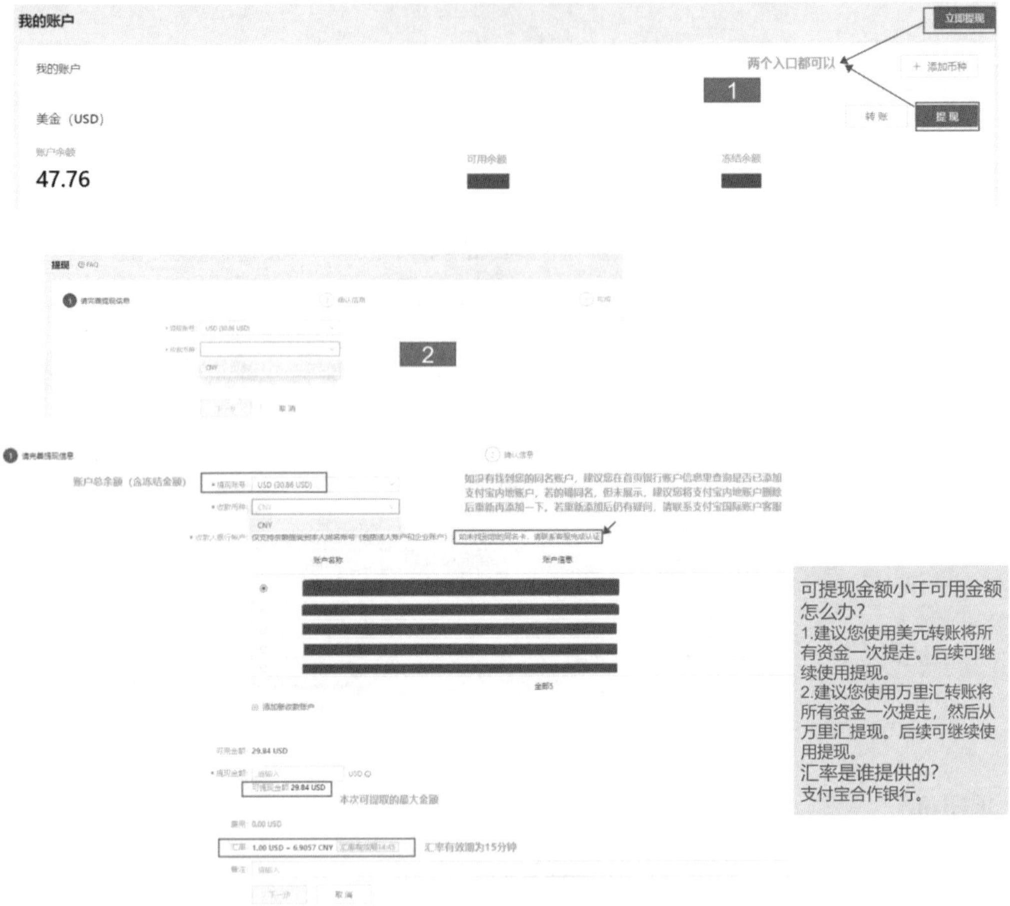

图 7-2-19　提现实操

内容	转账	提现
支持的收款账户类型	支持提取资金到境内外的个人或企业银行账户//万里汇账户	支持提取资金到该店铺认证的法定代表人的支付宝个人账户或者和认证公司同名的支付宝企业账户
到账币种	美元	人民币
到账时效	一般为7个工作日，有时银行有查询，到账时效可能更长，节假日到账时效有影响。	准实时，不占个人外汇额度
服务费	转账到银行卡单笔15美金 转账到万里汇免费，但万里汇提取资金需手续费	推广期间免费（目前处于推广期，若将结束推广期，会通知买家）
资金退回时效	如收款账户信息有误或银行核查未通过，资金会退回到支付宝国际账户。退回时效由银行处理决定，一般需2-4周。	如果您的收款支付宝内地账号的收款功能受限，资金无法入账会准实时退回。（为什么无法收款需咨询支付宝内地账户服务热线95188）

温馨提醒:
如果您有收款为人民币的需求，同时有认证的法定代表人的支付宝个人账户或者企业账户的，建议您使用提现功能。

图 7-2-20　转账和提现的区别

提前放款注意事项：尽量提升订单量；保证物流上网时效，尽量做到 48 小时之内；降低纠纷提起率；　稳住店铺和单品的 DSR 评分；加入后就尽量不要退出。

任务实施

活动 1：实际操作支付宝国际账户的设置。

活动 2：完成一次结汇和提现。

【学习笔记】

项目 8　店铺流量运营与推广

任务 8-1　站内运营推广

任务目标

知识目标：

熟悉店铺活动的概念和作用

技能目标：

1. 能够根据营销需求设计店铺活动；
2. 能够通过数据分析优化店铺活动。

工作任务

店铺 1 周年临近，请同学以店铺周年庆为主题，策划店铺的营销活动，回馈老买家，拉动新买家的转化。

相关知识

一、店铺活动设计

站内营销工具是平台为商家快速提升店铺流量所设置的营销工具，包括单品折扣、满减活动、店铺优惠券、搭配活动、互动活动、店铺优惠码等。

图 8-1-1 为平台上展示的站内营销工具，主要是单品折扣、满减活动、店铺优惠券、搭配活动、互动活动、店铺优惠码等营销工具的使用。

以上活动都可以叠加使用，自由组合，根据活动的目标销售额去设置合理的方案。

视频　灵犀推荐 8-1　　动画　什么是灵犀推荐 8-1　　动画　直通车——灵犀推荐是什么 8-1

图 8-1-1　站内营销工具

1．直通车营销

速卖通直通车，又称竞价排名、P4P（Pay for Performance），是速卖通平台的全球在线推广服务，可以让产品在多个关键词的黄金位置免费优先排名展示，只有当买家对该产品产生兴趣并点击进一步了解详情时，系统才会对这次点击进行扣费；如果买家仅仅是浏览，并没有点击产品进行查看，则不扣费，旨在帮助卖家迅速精准定位海外买家，扩大产品营销渠道。

视频　直通车 8-1

2．直通车展位

在页面行首的位置显示出。

动画　什么是直通车 8-1

3．电脑 PC 端

主搜页——第 5/10/15/20/25/30/35/40/45/50/55/60 位，搜索页底部智能推荐位。

4．移动端

主搜每 20 个一页，直通车推广位第一页为 3、11、19 位，第二页及以后为第 6 和 16 位，点此查看。所有卖家均可竞价，优词可竞。

5．直通车排序规则

排序取决于直通车的投放方式，目前有关键词投放和商品推荐投放两种方式。关键词投放的排序与推广评分和关键词出价有关，推广评分与关键词出价越高，排名靠前的机会越大。可以通过建立不同类型的计划来实现这两种推广：① 重点推广，点此查看视频教程；② 快捷推广。

动画　速卖通直通车怎么用 8-1

商品推荐投放与商品的信息质量、商品出价、商品是否满足浏览买家的潜在需求有关，商品的信息质量越高，商品推荐出价越高，商品与买家的潜在需求越匹配，在相关推荐位时的展示靠前机会也越大。

视频 直通车应用场景 8-1

二、店铺活动数据和站内流量数据分析

1. 商品能力

商品能力包括以下方面：

（1）在售商品数：统计当天产品管理页面中状态为【正在销售】的产品个数，一天仅更新一次。

（2）店铺爆品数：累计支付金额在全平台二级类目里前 20% 的商品个数。

单品最高支付件数：支付件数最高商品的支付件数。

（3）上新商品数：首次发布成功的商品数。

（4）货不对版纠纷提起率：（买家因货不对版提起退款订单数 − 买家主动撤销退款的订单数）除以（买家确认收货 + 确认收货超时 + 买家提起退款的订单数）。

（5）DSR 商品描述：DSR 商品描述分的平均分。

（6）商品动销率：有支付成功的商品数除以在售商品数（近 30 天反复上下架仅进入 1 次）。

（7）新品动销率：新发布且支付成功商品数除以上新商品数（近 30 天上线的商品）。

（8）成交不卖率：（卖家未全部发货且卖家发货超时或者买家选择卖家原因并成功取消订单数）除以（卖家未全部发货且卖家发货超时或者买家选择卖家原因并成功取消订单数 + 全部发货的订单数）。全部发货的订单是指排除未发货和部分发货。

2. 流量渠道能力

流量渠道能力包括以下方面：

（1）搜索店铺访客数：通过搜索进入店铺（含商品详情页）的去重访客人数（PC+App）。

（2）搜索点击率：搜索店铺访客数/搜索曝光访客数。

（3）搜索引导支付转化率：搜索支付买家数/搜索店铺访客数（包括 PC 端+App 端）。

（4）直通车点击量：直通车推广商品的点击次数。

（5）直通车下单转化率：直通车引导下单订单数/直通车点击量。

（6）联盟访客数：联盟引导访问店铺页面（含商品详情页）人数（包括 PC 端+App 端）。

（7）联盟下单转化率：联盟引导下单买家数/联盟店铺访客数。

（8）站外访客数：第一步直接进店或者商品详情页的访客数。

（9）站外访客支付转化率：第一步直接进店或者商品详情页的支付访客数/第一步直接进店或者商品详情页的访客数。

（10）店铺活动访客数：店铺活动（全店铺&限时限量）中商品的点击访客数（PC+App）。

（11）店铺活动支付转化率：店铺活动（全店铺&限时限量）中支付买家数/店铺活动访客数（PC+App）。

（12）店铺活动支付金额：已生效店铺活动的商品的支付成功订单金额，含之前下单当天支付订单。

（13）店铺活动次数：已生效的店铺活动次数（生效时间持续多天的同一个店铺活动只记为一次）。

（14）平台活动访客数：已生效平台活动对应商品的访客数。

（15）平台活动支付转化率：平台活动支付买家数/平台活动访客数。

（16）平台活动支付金额：已生效平台活动的商品的支付成功订单金额，含之前下单当天支付订单。

3．流量承接能力

（1）支付转化率：支付买家数/店铺访客数。

（2）商品收藏人数：点击收藏商品的人数。

（3）加购人数：添加购物车的人数。

（4）平均停留时长：访问店铺的所有访客总的停留时长/店铺访客数，单位为秒。

（5）跳失率：没有发生点击行为的访客数/店铺访客数。

（6）人均浏览商品数：浏览商品数/店铺访客数。

（7）人均支付件数：支付件数/支付买家数。

（8）客单价：支付金额/支付买家数。

4．物流能力

DSR 物流服务分：DSR 物品运送时间合理性平均分（不包含采用线上发货/4PL 物流且物品运送时间合理性评分为 1、2、3 分的订单）。

（1）DSR 定义：DSR 是指卖家服务评级系统（Detailed Seller Ratings），包括买家在订单交易结束后以匿名方式对卖家在交易中提供的商品描述的准确性（Item as Described）、沟通质量及回应速度（Communication）、物品运送时间合理性（Shipping Speed）三方面服务做出的评价（单向评分）。店铺首页的 DSR 计算的是店铺内过去 6 个月的数据。

（2）DSR 查看路径：

买家前台入口：商家可以进入自家的店铺首页，通过以下两种方式进行查看：

① 将鼠标移至店铺名称查看；② 在首页点击“Feedback”进行查看。

（3）DSR 提升方式：

可以分别从以 6 个评分项进行优化。

评分项 1：DSR 商品描述（Item as Described）：如实填写商品的详情页面，增加产品信息量。如产品图片，除了 1 张静态图片外，同时也要设置 6 张动态图片。

评分项 2：DSR 卖家服务（Communication）：24 小时之内回复买家消息，建立快速回复模板；回复时给出详细、精准的产品信息。

评分项 3：DSR 物流（Shipping Speed）：完善物流政策和细则，如发货、运输说明、退货说明等；选择优质的物流供应商。

评分项 4：平均发货时长：声明发货总时长/声明发货总包裹数。

评分项 5：未收到货物纠纷提起率：（买家因未收到货物提起退款主订单数 – 买家主动撤销退款的主订单数）/（买家确认收货+确认收货超时+买家提起退款的主订单数）。

评分项 6：海外仓商品覆盖率：支持海外仓发货的商品数/在售商品数。

5．服务能力

DSR 卖家服务：统计时间范围内，DSR 沟通质量及回应速度平均分。

好评率：统计时间范围内，好评次数/（差评次数 + 好评次数）。

6．客户运营能力

客户运营能力从以下几个方面来看，

（1）支付买家数：支付成功买家数。

（2）新买家数：统计当日之前，在商家的店铺没有支付行为的买家，且统计当日第一次支付的买家数。

（3）新买家转化率：新买家数/新访客数。

（4）老买家数：统计当日之前，在商家的店铺有过支付行为的买家，在统计当日再次支付的买家数

（5）老买家转化率：老买家数/老访客数。

（6）90 天回访率：90 天回访访客数/90 天前那一天访客数。

7．成长规模

支付金额：支付金额为统计时间范围内按天累加值。

支付金额同比：（支付金额/去年同期支付金额 – 1）*100%。

支付金额环比增长：（支付金额/上一周期支付金额 – 1）*100%。

任务实施

活动 1：根据营销目标策划店铺活动。

活动 2：分析活动数据和流量数据并对店铺活动进行优化。

【学习笔记】

任务 8-2 站外流量推广

任务目标

知识目标：

1. 理解海外社交媒体平台推广和短视频推广的价值；
2. 了解主要的跨境电商平台站外推广的渠道。

技能目标：

1. 能根据具体情况，选择适合的跨境电商平台站外推广渠道；
2. 掌握海外社交媒体引流的方法并加以运用；
3. 掌握海外短视频平台引流的方法并加以运用。

工作任务

概述站外引流的方式。

相关知识

一、站外流量推广的定义

站外是指速卖通平台以外（除了速卖通以外的其他流量），通常就是指 INS，YouTube，Facebook，Tiktok 等网红目标线下明星推广流量。

二、海外社交媒体平台推广

1．Facebook

Facebook 是一家在线社交网站，其名字来源于新学年开始的学生花名册。Facebook 于 2004 年 2 月由马克·扎克伯格与他的哈佛大学室友爱德华·多萨维林、安德鲁·麦科勒姆、达斯汀·莫斯科维茨和克里斯·休斯共同创建。期初，Facebook 只限哈佛学生注册，随后扩大到波士顿地区的其他高校、常青藤联盟、斯坦福大学等高校。Facebook 规定只有年满 13 周岁的人才能在 Facebook 上注册会员，用户必须注册后才能浏览 Facebook。注册时，Facebook 要求创建一个个人档案，并添加其他用户作为朋友和交换信息，当他们更新个人资料时系统会自动通知，还可以创建 Page Feed 主页，要求买家关注，发布营销信息。

2．VK

VK 是欧洲第二大社交网站，该网站的浏览量仅次于 Facebook。网站拥有多种语言选项，尤其受到世界各地俄语用户青睐，如俄罗斯、乌克兰、阿塞拜疆、哈萨克斯坦、摩尔多瓦、白俄罗斯、以色列等。像其他社交网站那样，该网站允许用户留言，联系方式公开或者私密，创建组、公共页面和活动，分享和标记图像、音/视频和基于浏览器的游戏。VK 目前月活人数已超过 1 亿，按照 Alexa 数据统计，VK 全球流量排名第 14 位，在俄罗斯则排名第一位。

3．Twitter

Twitter（推特）是一家美国社交网络及微博客服务的公司，致力于服务公众对话，Twitter 可以让用户更新不超过 140 个字符的消息（除中文、日文和韩语外已提高上限至 280 个字符），这些消息也被称作“推文（Tweet）”，Twitter 被形容为“互联网的短信服务”。这个服务是由杰克·多西（Jack Dorsey）在 2006 年 3 月与合伙人共同创办并在当年 7 月启动的。Twitter 在全世界都非常流行，Twitter 发布的财报显示，截至 2020 年第三季度，Twitter 的可货币化日活跃用户达 1.87 亿。Twitter 是提供当下全球实时事件和热议话题讨论的平台。在 Twitter，从突发事件、娱乐讯息、体育消息、政治新闻到日常资讯、实时评论对话全方位地展示了故事的每一面。在这里，你可以加入开放的实时对话，或观看活动直播。

Twitter 是一个可让你播报短消息给你的“Followers（关注人）”的在线服务，它也同样可允许指定那个你想跟随的 Twitter 用户，这样你可以在一个页面上就读取他们发布的信息。

Twitter 最初计划是在手机上使用，并且与电脑一样方便使用。所有的 Twitter 消息都被限制在 140 个字符之内（现在除中文、日文和韩文外已提高上限至 280 个字符），因此每一条消息都可以作为一条 SMS 短消息发送。而这正是 Twitter 的迷人之处。

Twitter 对于组织严密的小组来说是非常有用的（尽管 Twitter 上也同样存在着数量相当大的乌合之众）。假如你跟随你的朋友，并且他们还跟随着另外的人，你就可以进行快速沟通。从概念上来看，Twitter 与 DodgeBall 非常类似，但它更容易使用。

另外还有很重要的一点就是，Twitter 是完全免费的。

4．Instagram

Instagram 提供了这样一套顺畅的操作流程：拍照—滤镜特效（以 Lomo 风为主的 11 种照片特效）—添加说明/添加地点—分享（可以共享到 Twitter、Facebook、Tumblr、Flickr 以及 Foursquare，甚至新浪微博这些主流社交网络）。同时 Instagram 基于这些照片建立了一个微社区，在这里你可以通过关注、评论、赞等操作与其他用户进行互动。

在 Instagram 直播：只需点击相机图标，并滑动到“Live”（直播）标签，点击“Start Live Video”（开始现场视频）按钮。使用 Facebook Live 录制视频，在屏幕顶部会出现一个图标，显示你正在直播，并能看到目前观看的人数有多少。用户可以评论和发送“Heart”（心）以表达对视频的喜爱。

那些追随你的粉丝并在视频中与你互动的人将看到通知，就像他们在 Facebook 上看到的一样。

然而，与 Facebook Live 不同的是，Instagram 进行直播时，直播一结束，视频内容随即删除，从这一点看，它没有继承母公司的基因，反倒与其竞争对手 Snapchat 更为相似。

5．LinkedIn

LinkedIn 是一个“高效”“安全”并且“有商务价值”的“白领 SNS 提供商”：LinkedIn 足够高效，而且没有什么打扰用户的信息。即便是广告的投放，LinkedIn 也处理得十分艺术：在侧边栏下方，几乎不会分散注意力； LinkedIn 上没有太多会打扰到你的人，而且，用户与用户之间的关系被严密地保护起来，这和其他 SNS 拿着用户资料去做 SEO 实在是天壤之别。LinkedIn 专注于商务功能，并且提供付费服务，这极大地体现了它的确具备提供高质量商务社交服务的能力。

LinkedIn 是非常适合白领使用的一款 SNS 工具，尤其是有国际业务的企业员工或者自由职业者。不过，Linked 不太适合学生使用。因为 Linked 很注重工作经验和教育背景，如果你还没毕业，除非你有相当丰富的社会实践经验，否则完全可以忽略它，因为其还无法为你创造价值。

6．Pinterest

Pinterest 采用的是瀑布流的形式展现图片内容，无须用户翻页，新的图片不断自动加载在页面底端，让用户不断地发现新的图片。

Pinterest 堪称图片版的 Twitter，网民可以将感兴趣的图片在 Pinterest 保存，其他网友可以关注，也可以转发图片。索尼等许多公司也在 Pinterest 建立了主页，用图片营销旗下的产品和服务。

有多家机构称，在移动互联网时代，网民在移动设备上更喜欢观看图片，Pinterest、Snapchat、Instagram 等图片社交平台受到用户热捧，市场估值也明显高于其他“文本”社交网络。

截至 2013 年 9 月，该软件已进入全球最热门社交网站前十名。

7．Flickr

Flickr 是雅虎旗下图片分享网站。是一家提供免费及付费数位照片储存、分享方案之线上服务，也提供网络社群服务的平台，其重要特点就是基于社会网络的人际关系的拓展与内容的组织。这个网站的功能之强大，已超出了一般的图片服务，比如图片服务、联系人服务、组群服务。

一般认为 Flickr 是 Web 2.0 应用方式的绝佳例子。 除了许多使用者在 Flickr 上分享他们的私人照片，该服务也可作为网络图片的存放空间，受到许多网络作者喜爱。Flickr 受到欢迎的原因是其创新的线上社群工具，能够将照片标上标签（Tag）并且以此方式浏览。2013 年 5 月，Flick 进行了大幅改版，彻底改变了外观，而且升级了 Android 应用，并增加了存储空间。

8．Tiktok

Tiktok 是字节跳动旗下短视频社交平台，于 2017 年 5 月上线，愿景是“激发创造，带来愉悦（ Inspire Creativity and Bring Joy）”。是国外版的抖音，目前 Tiktok 拥有大约 8.5 亿每月活跃用户。

9．YouTube

YouTube 是一个视频网站，早期公司位于加利福尼亚州的圣布鲁诺。注册于 2005 年 2 月 15 日，由美国华裔陈士骏等人创立，让用户下载、观看及分享影片或短片。

YouTube 是全球最大的视频网站，流量全球排名第三，仅次于 Facebook 和 Google，而且 YouTube 是全球排名靠前的搜索引擎，是我们可以利用的推广平台，并且蕴藏着巨大的宝藏。

2006 年 11 月，Google 公司以 16.5 亿美元收购了 YouTube，并把其当作一家子公司来经营。但是对于如何通过 YouTube 盈利，Google 一直保持非常谨慎的态度。被收购后的 YouTube 依然风靡全球网民，花旗银行分析师认为，以 2012 年整年计算，Google 从 YouTube 获得 24 亿美元的净收入。2014 年 1 月 3 日，YouTube 宣布在拉斯维加斯消费电子展（CES）上演示 4K 高清视频流媒体服务。该服务采用谷歌的视频编解码技术 VP9。网站的未注册用户仍可以直接观看视频，而注册用户则可以上传无限制数量的影片。而当影片有可能的冒犯性质的内容时，仅提供给 18 岁以上的注册用户观看。YouTube 作为当前行业内在线视频服务提供商，YouTube 系统每天要处理上千万个视频片段，为全球成千上万的用户提供高水平的视频上传、分发、展示、浏览服务。2015 年 2 月，央视首次把春晚推送到 YouTube 等境外网站。

YouTube 的推广形式：① 在 YouTube 上寻找大的拍客与之合作；② 鼓励我们真实的买家帮我们拍 YouTube 视频 Review；③ 卖家自己拍视频（或找专业的人）上传到自己的 YouTube 频道里（此项视各卖家的具体情况而定）。

任务实施

活动 1：分组讨论跨境电商站外引流的几种模式。

活动 2：根据店铺经营类目选择合理的站外引流渠道和方式。

【学习笔记】

项目9　客户运营与粉丝维护

任务9-1　海外客户区域分析

任务目标

知识目标：

了解海外主要区域市场趋势和用户消费习惯。

技能目标：

1. 能分析不同海外区域用户特性；
2. 能根据区域市场习惯提出产品建议。

工作任务

区域内市场需求建议。

相关知识

一、客户画像

客户画像是在电商领域最早得到应用的，在大数据时代背景下，用户信息充斥在网络中，将用户的每个具体信息抽象成标签，利用这些标签将用户形象具体化，从而为用户提供有针对性的服务。

二、针对国家和年龄不同，可以为用户提供有针对性的服务

1．国家和地区

（1）俄罗斯：主要产品方向在女装上，包含大衣、毛衣、牛仔裤等，预期增长高；手机、配件。特点是本地体量大，手机配件增长快速。消费电子的本地市场需求高，中国供应链优势巨大。

（2）西班牙：主要产品方向在3C家电，本地重视性价比，中国供应链有优势，比如在运动户外类目上，以及本地生活刚需类目，中国商品展现了其多样性，而汽摩配类尤其受年轻族群喜爱，市场机会大。

（3）法国：主要产品方向在家居园艺，是本地线上零售增速最快的类目之一。女装是当地线上零售规模最大行业，有供应链优势。3C 电子在本地线上零售规模大且持续增长，2021 年 11 月进入到 AEtop3。

（4）巴西：主要产品方向在 3C 电子，本地零售高占比，中国产业占优势。玩具类本地需求大，有人群裂变效应。美容健康是本地需求大的高增长类目。

（5）波兰：主要产品方向在 3C 电子，商品历来进口，中国产业带有优势。美妆类本地商品价格高，中国产业有优势。家居园艺类在本地商品价格高，大部分依赖进口。

（6）韩国：主要产品方向在运动户外，本地刚需类目，线上份额高，家用电器在本地商品涨价严重，中国供应链有优势。服饰配饰的跨境需求大 ，中国产品性价比高。

（7）中东：Fashion 本地线上零售渗透率高。3C 电子的本地需求大，中国产业有优势，美妆在本地线上零售渗透率高。

2．年　龄

（1）0 ~ 18 岁，学生，主要需求量是文具、3C 数码、奇特产品等。

（2）18 ~ 24 岁，在校大学生，刚入社会，喜欢新奇服饰、彩妆、3C 数码。

（3）25 ~ 30 岁，其中女性对美妆、配饰、美容、服装、办公用品等需求大，男性关注 3C 数码、运动器材、汽摩配、品质男装等。

（4）31 ~ 45 岁，家庭女性着重于母婴童装、玩具、家居日用等。

（5）45 ~ 80 岁，中老年人对养生、旅游、健身器材等更感兴趣。

可参见图 9-1-1。

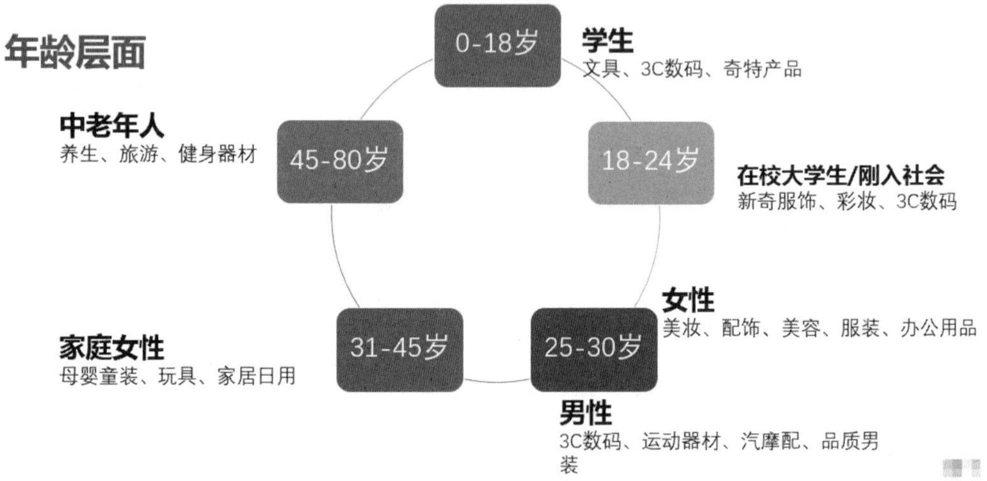

图 9-1-1　不同年龄层面服务

任务实施

活动 1：分析店铺所在区域市场现状、趋势和消费习惯。

活动 2：结合分析所得编写店铺产品建议书 PPT 并进行 PPT 讲解。

【学习笔记】

任务 9-2 粉丝维护

任务目标

知识目标：

1. 了解粉丝对店铺运营的价值；
2. 熟悉海外 AE 粉丝储备的核心能力。

技能目标：

1. 能够掌握获取粉丝的方法；
2. 能够掌握粉丝运营的核心储备能力；
3. 能够不断积累粉丝；
4. 能够打造优质内容。

工作任务

获取粉丝并积累粉丝。

相关知识

一、粉 丝

粉丝，是英语“Fans”的谐音。“Fan”是“运动、电影等的爱好者”的意思。所以，“Film Fan”是“影迷”的意思，“Fan”也可以理解为“××迷”或者“××追星族”一类意思。“Fans”是“Fan”的复数。

原来“粉丝”被称为追星族，但是这个词汇早已被时尚抛弃。粉丝就是支持者，如今许多年轻人对这个新词汇爱不释手，它已成为时尚的代名词。

1．粉丝的来源

（1）初次访问店铺的新客户。这部分客户是初次进入店铺或者看到你的产品，对你没有了解，这部分新客户都没有关注到你的店铺，都是你潜在的粉丝。在我们日常运营中，流量增长的指标一般都是看新客的增长。

（2）还未关注店铺的老客户。有些客户看过你的店铺或者产品，甚至购买过你的产品，但是可能因为不信任或者不感兴趣等原因，没有关注店铺。应该尽量让这些客户去关注我们，成为店铺的粉丝。

（3）公域流量被吸引的其他客户。这部分客户有站外访客，也有从类似竞品跳转过来的访客，相对而言，往往这类客户对产品比较感兴趣，有购买意愿，容易成为店铺粉丝。

2．粉丝的作用

（1）高转化：具有较高的忠诚度，有利于店铺新品的推广和复购。

从运营指标转化率上来讲，粉丝的转化率远高于新客户转化率，这类客户对产品和店铺、卖家有一定的信任和喜好，新上架的产品成交门槛低于新买家的购买门槛，往往卖家在推动新品以及复购时候着重在粉丝人群做推广。

（2）低成本：减少获取新客户和信息沟通的成本。

电商都是流量思维，在越来越多的卖家入驻到平台时，获取流量的成本越来越高，不论是直接引流还是间接引流，获取新客户的成本远远高于粉丝客户的成本，这也是为什么我们一定要增加粉丝数的原因。

（3）能裂变：口碑传播让所有买家都成为潜在客户。

粉丝的口碑传播好比买家的好评内容，往往转化和传播效果会更好，一个粉丝购买往往会复购以及推送身边的亲人朋友继续购买。粉丝的身边朋友都是潜在客户。

3．AE 的粉丝画像分析（图 9-2-1）

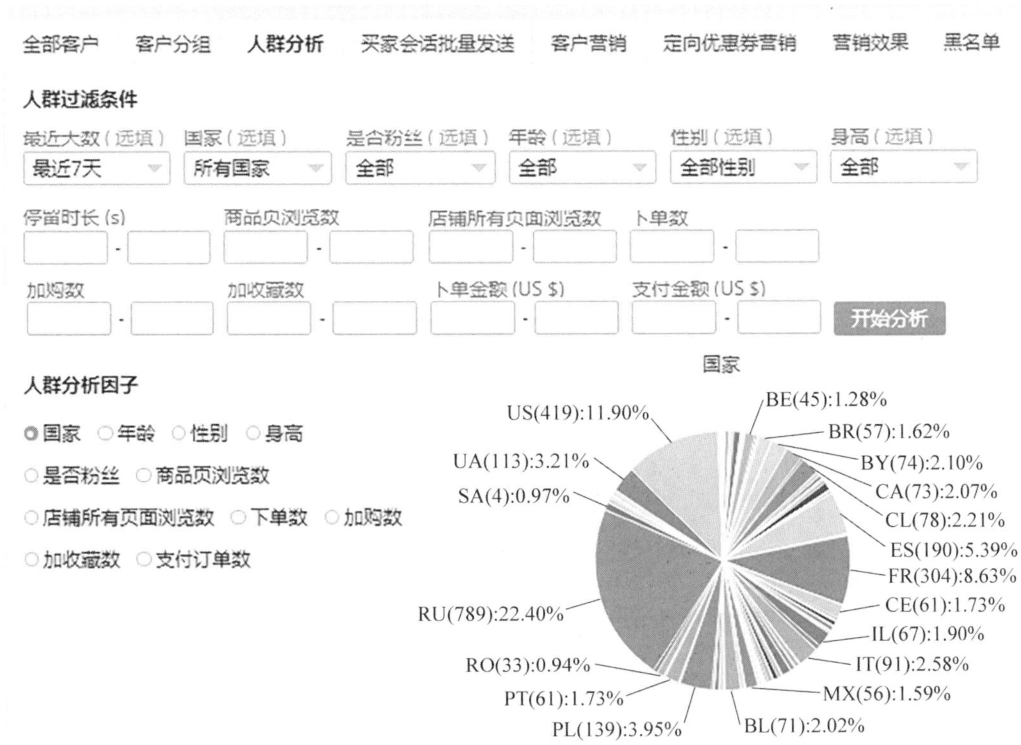

图 9-2-1　人群分析

在后台可以从国家、年龄、性别、店铺所有页面浏览数、下单数、加购数、收藏数等维护作区分和归类。

二、粉丝营销工具——AE 的 Feed 频道

图 9-2-2 是 App 端首页——FEED 频道。消费者可以从买家 App 的 FEED 频道或者商家店铺 FEED 页面访问。

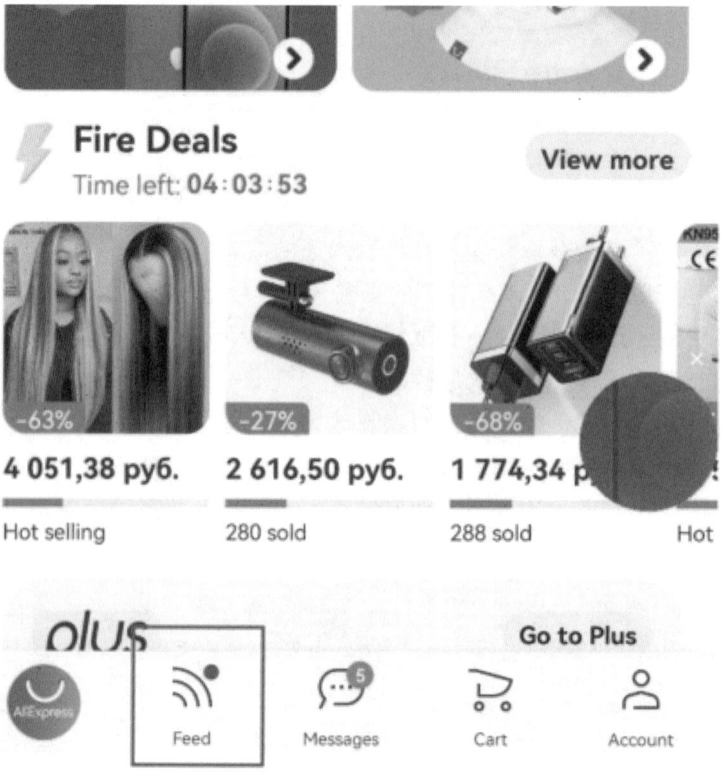

图 9-2-2　FEED 频率

粉丝营销工具（图 9-2-3）的使用，要注意以下问题：

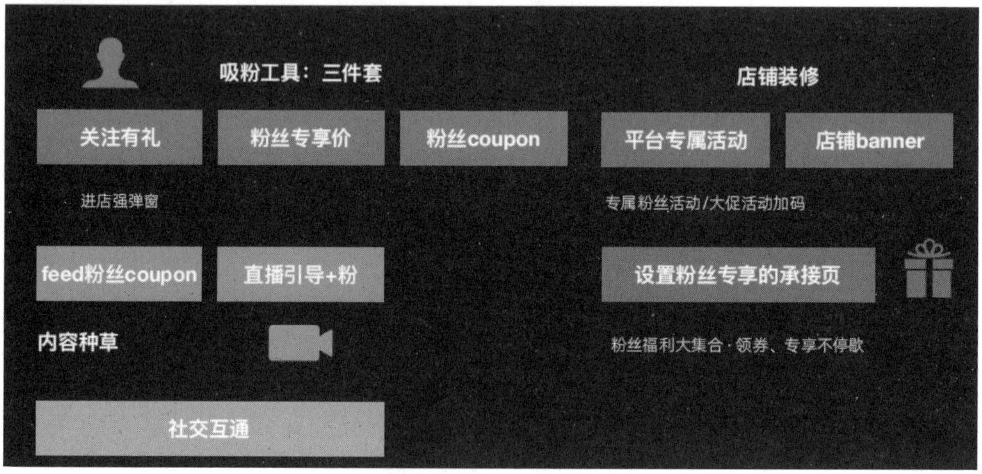

图 9-2-3　粉丝营销

1．注重粉丝积累

（1）店内关注引导，从店铺装修、详情页增加、关注店铺引导等方面着手（图 9-2-4）。

（2）客服线上交流、引导关注店铺有礼。

图 9-2-5 为快递包裹中关注店铺引导。

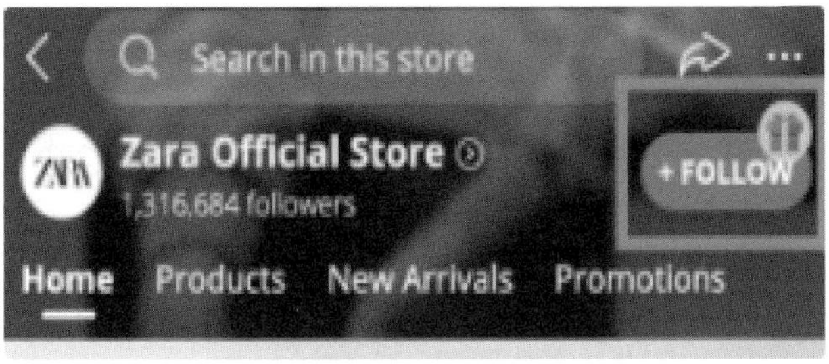

图 9-2-4　关注引导

图 9-2-5　关注店铺引导

图 9-2-6 为增粉活动运营，图 9-2-7 是关注店铺有礼活动。

2．合理设置优惠券

（1）图 9-2-8 所示是设置优惠券操作。

图 9-2-6　增粉活动

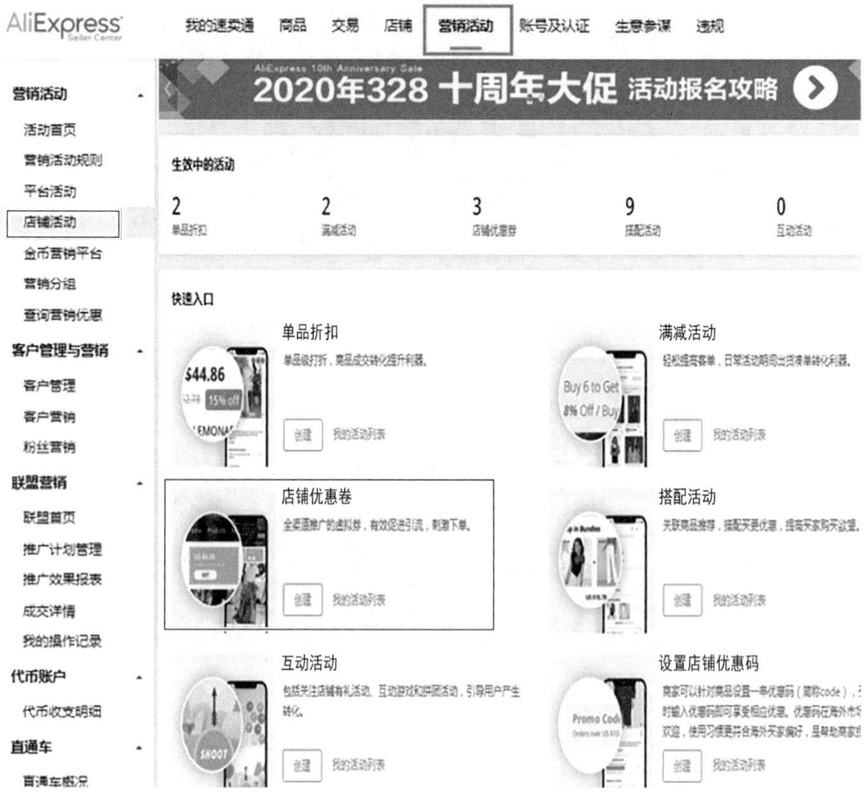

图 9-2-7　店铺有礼活动

图 9-2-8　设置优惠券操作

（2）报名活动操作，如图 9-2-9、9-2-10 所示。

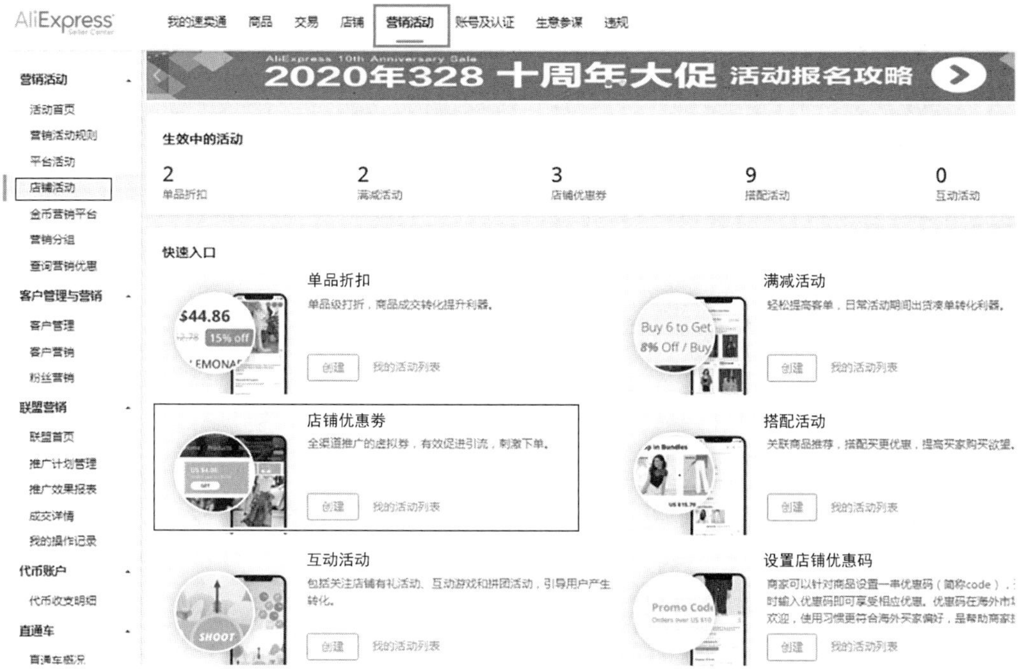

图 9-2-9　活动报名

图 9-2-10　店铺互动活动

图 9-2-11、9-2-12 为创建互动游戏和活动奖励选择。

图 9-2-11　创建互动游戏

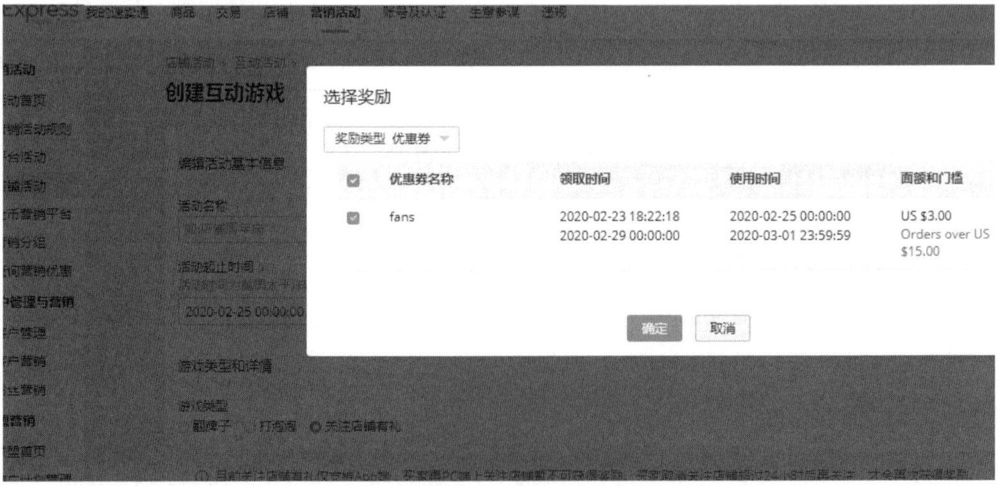

图 9-2-12　选择活动奖励

注意：先设置好定向优惠券，关注有礼设置的时间段需要在优惠券的时间段区间内。

（3）报名参加试用活动（图 9-2-13）。

图 9-2-13 是根据不同的客单价，报入不同类型的试用活动。

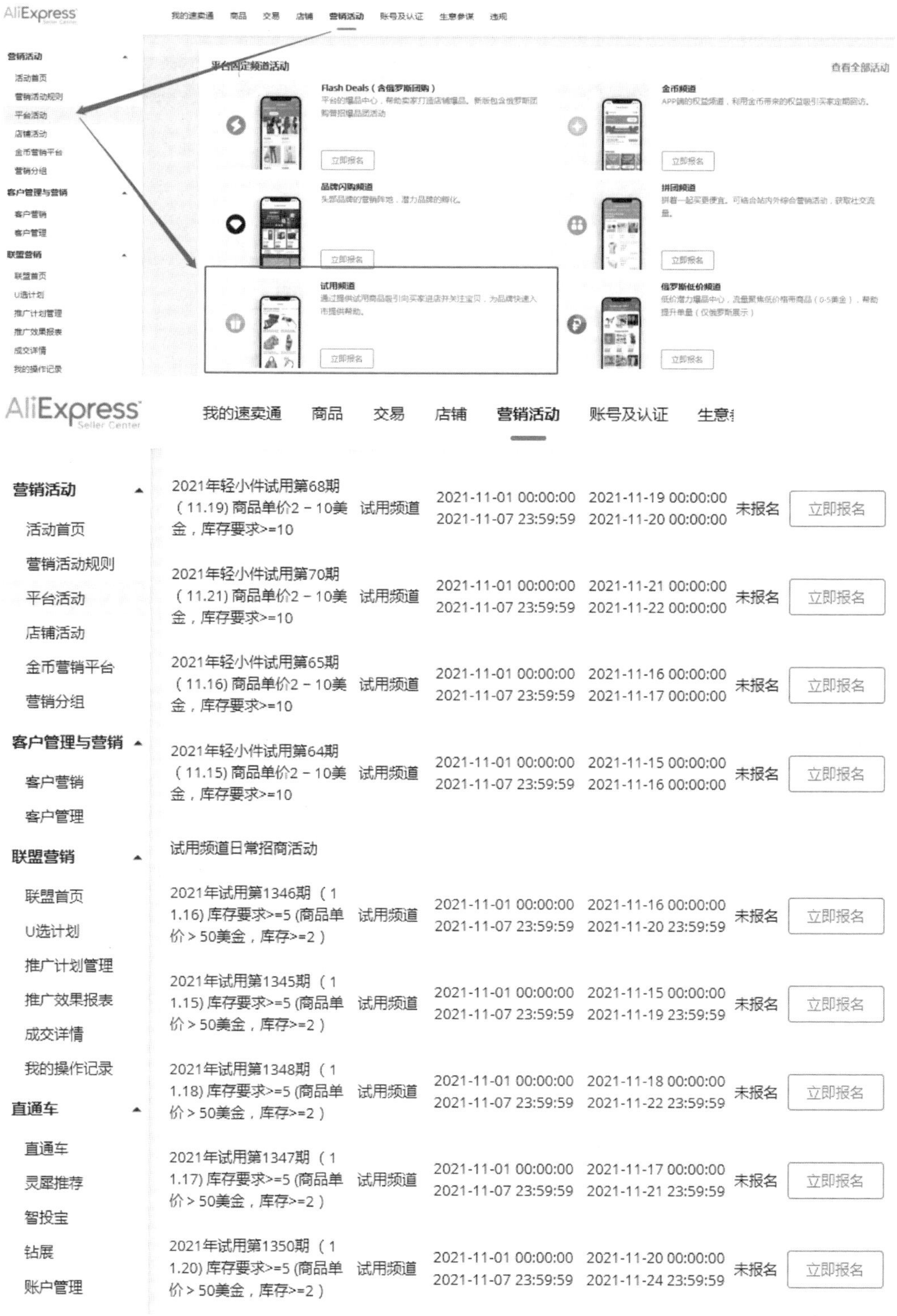

图 9-2-13　报名参加试用活动

图 9-2-14 是店铺互动活动。

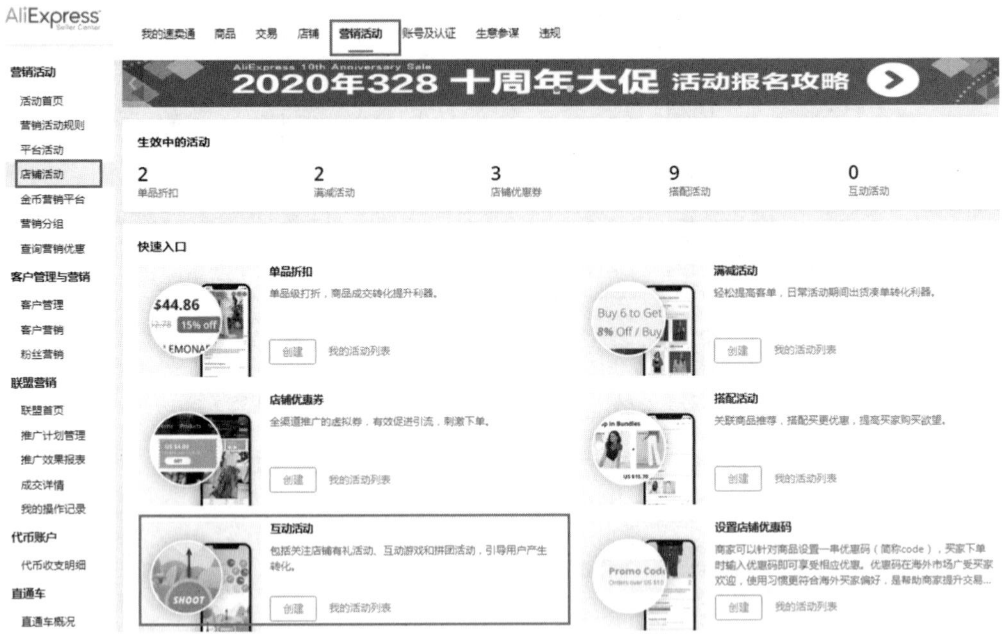

图 9-2-14　店铺互动活动

图 9-2-15 是店铺互动活动入口。

图 9-2-15　店铺互动活动入口

图 9-2-16 依次为创建活动页面、选择奖励、奖励设置及完成提交。

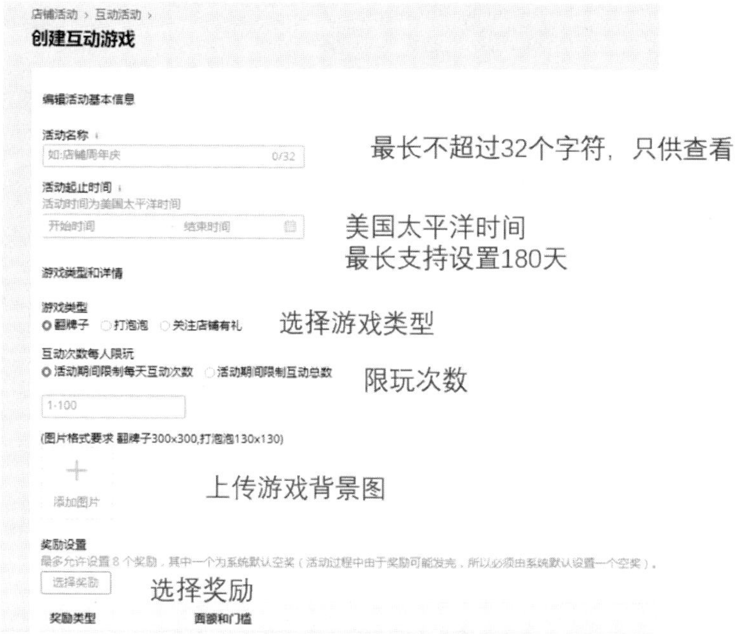
店铺活动 › 互动活动 ›
创建互动游戏
编辑活动基本信息
活动名称
如:店铺周年庆 0/32
最长不超过32个字符，只供查看
活动起止时间
活动时间为美国太平洋时间
开始时间 结束时间
美国太平洋时间
最长支持设置180天
游戏类型和详情
游戏类型
翻牌子 打泡泡 关注店铺有礼
选择游戏类型
互动次数每人限玩
活动期间限制每天互动次数 活动期间限制互动总数
限玩次数
1-100
(图片格式要求 翻牌子300x300,打泡泡130x130)
添加图片
上传游戏背景图
奖励设置
最多允许设置 8 个奖励，其中一个为系统默认空奖（活动过程中由于奖励可能发完，所以必须由系统默认设置一个空奖）。
选择奖励
选择奖励
奖励类型
面额和门槛

（a）

选择奖励
下拉选择优惠券或金币，您可以同时选择多种奖励方式
奖励类型
店铺优惠券
示例：
方案A：奖励一个优惠券；
方案B：奖励一个优惠券和金币；
方案C：奖励多个优惠券和金币；
……
以上均可自由选择。
优惠券名称
领取时间
使用时间
面额和门槛
这是一个互动型优惠券名称
2019/02/01 00:00:00
2019/04/01 00:00:00 PST
US $2.00
Orders over US $10.00
确定
取消

（b）

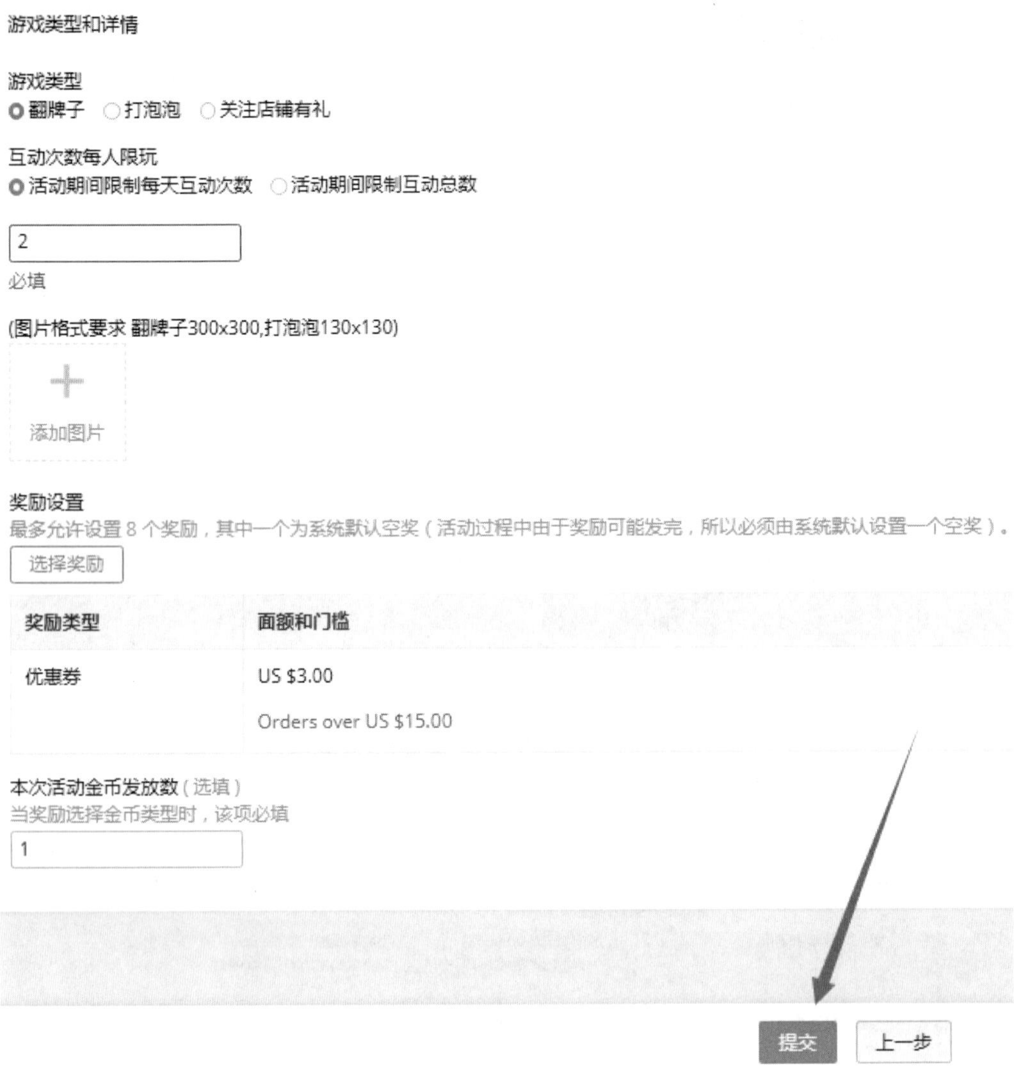
游戏类型和详情
游戏类型
翻牌子
打泡泡
关注店铺有礼
互动次数每人限玩
活动期间限制每天互动次数
活动期间限制互动总数
2
必填
(图片格式要求 翻牌子300x300,打泡泡130x130)
添加图片
奖励设置
最多允许设置 8 个奖励，其中一个为系统默认空奖（活动过程中由于奖励可能发完，所以必须由系统默认设置一个空奖）。
选择奖励
奖励类型
面额和门槛
优惠券
US $3.00
Orders over US $15.00
本次活动金币发放数（选填）
当奖励选择金币类型时，该项必填
1
提交
上一步

(c)

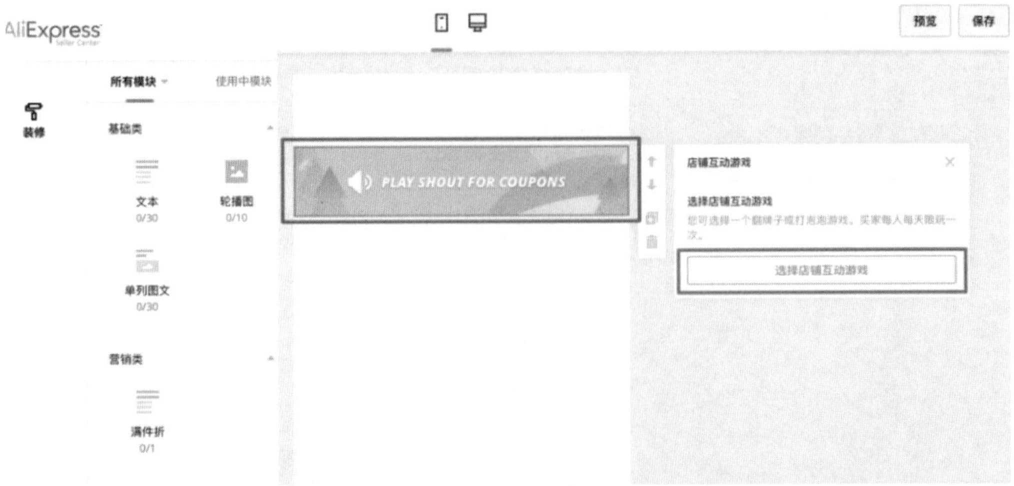
AliExpress
预览
保存
所有模块
使用中模块
装修
基础类
文本
0/30
轮播图
0/10
单列图文
0/30
营销类
满件折
0/1
PLAY SHOUT FOR COUPONS
店铺互动游戏
选择店铺互动游戏
选择店铺互动游戏

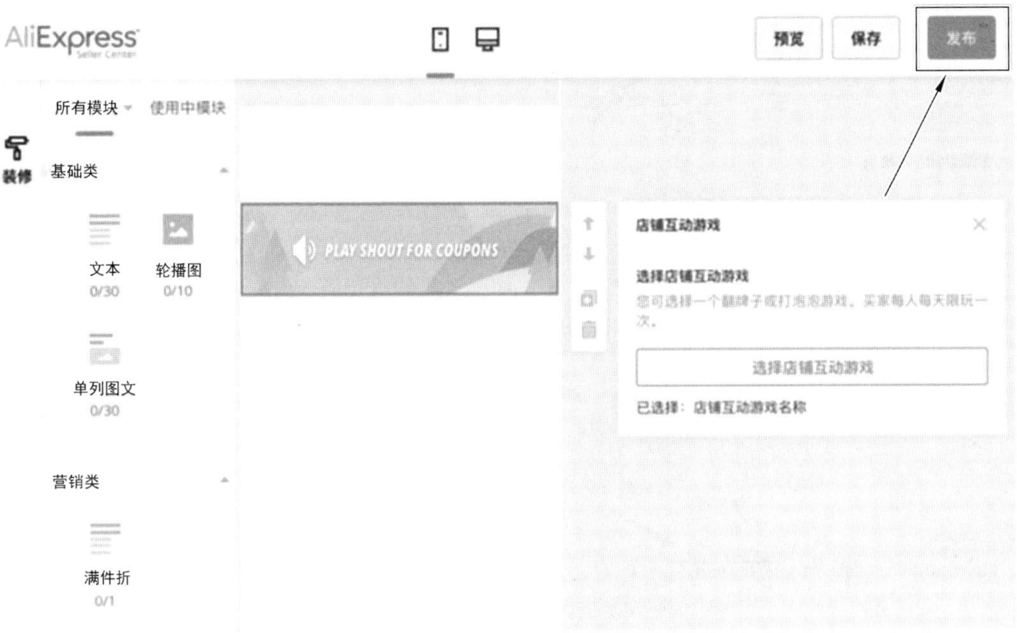

（d）

图 9-2-16　创建活动过程

3．粉丝专享价

（1）在店铺活动设计中，粉丝专享价要设置好。如图 9-2-17 所示页面上依次就可设置。

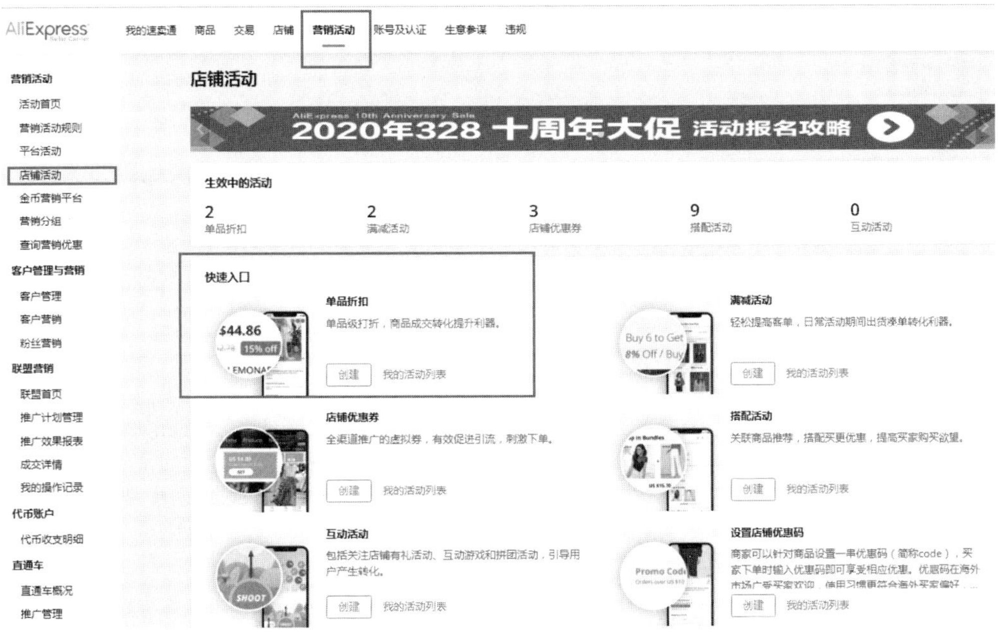

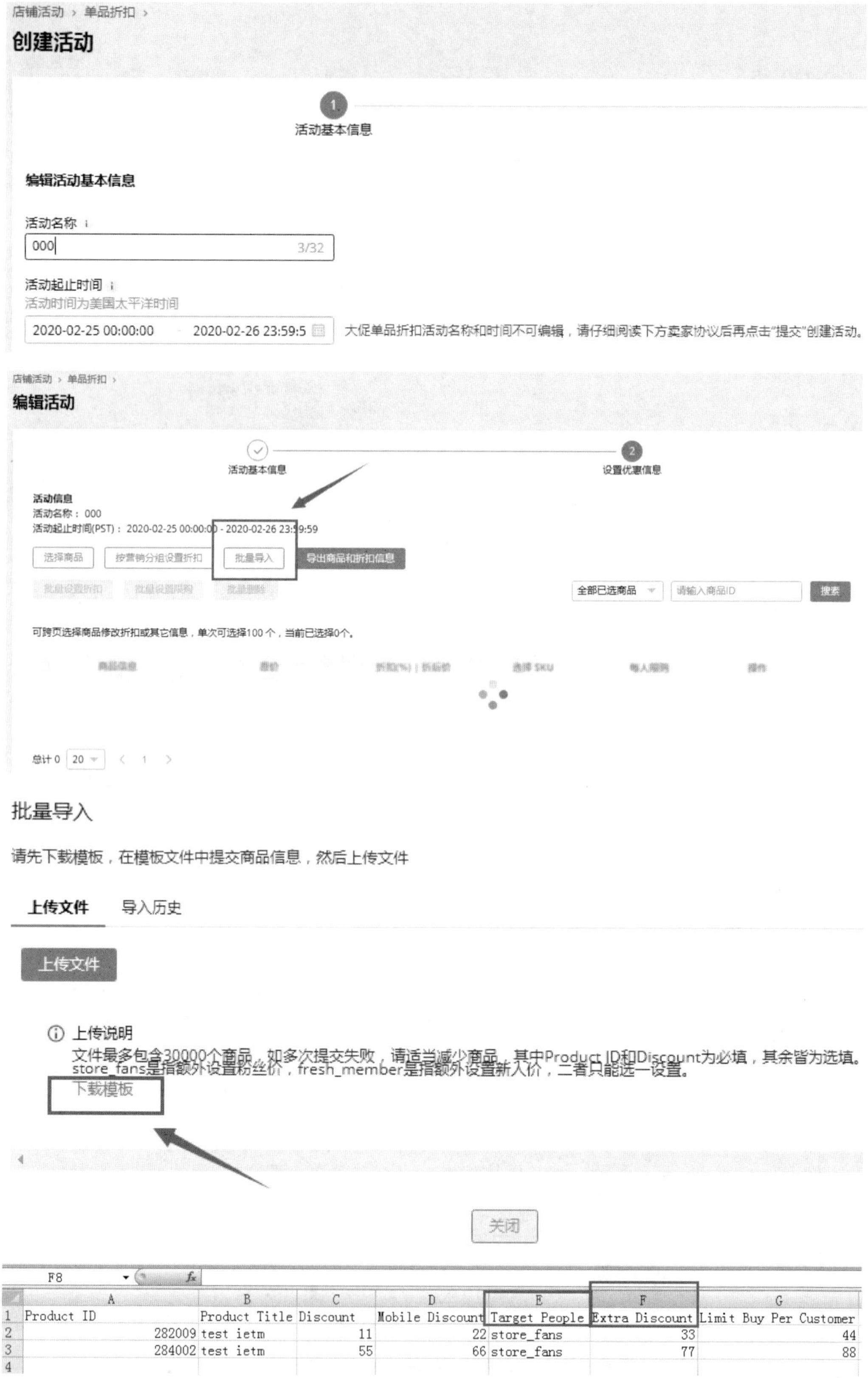

图 9-2-17　粉丝专享活动

（2）在表格中设置对应的粉丝专享价。

如图 9-2-18 所示是粉丝专享优惠券设置的程序，对精细粉丝进行分组，然后发放定向优惠券。

图 9-2-18　发放定向优惠券

图 9-2-19 是在网页上设置的流程，依次进行：营销活动—客户管理—全部客户—选择对应要求—创建分组。创建分组后就可以发放定向优惠券了。

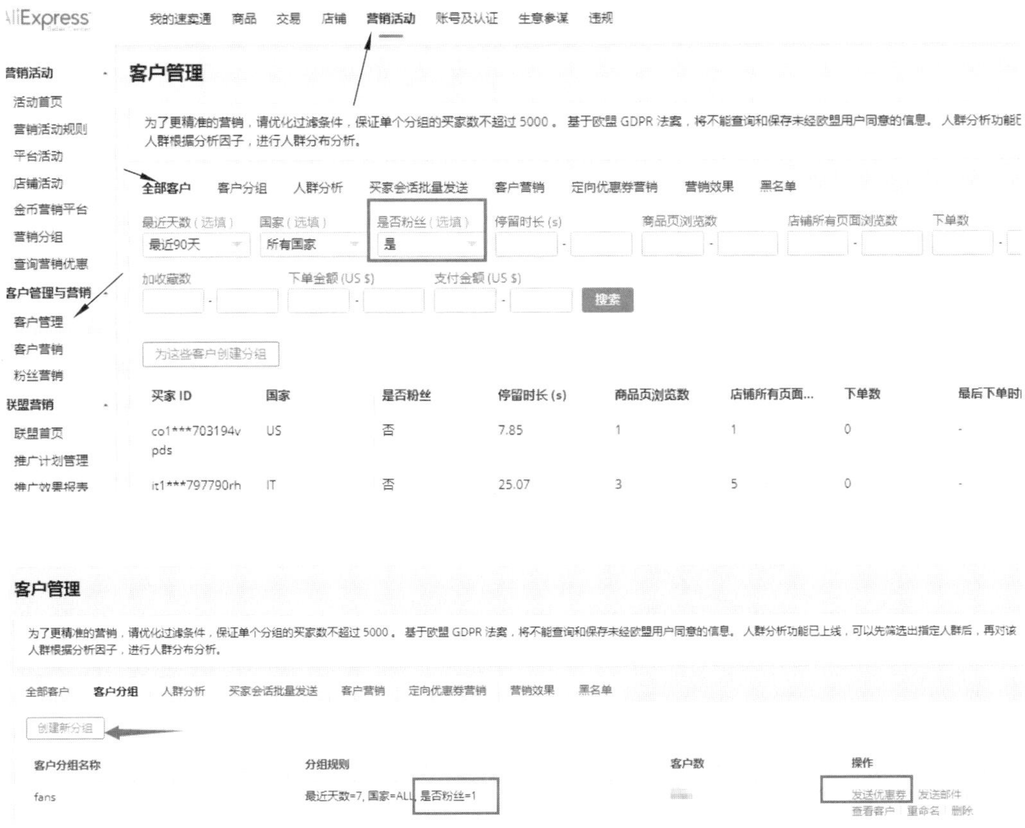

图 9-2-19　流程设置

4．商家人拉人

图 9-2-20 为页面上操作流程。

图 9-2-21 为后台、营销活动、店铺活动。

图 9-2-20 商家人拉人

图 9-2-21 后台活动

5．直播引导加关注

可以在直播间，通过优惠券、话术语不断地引导客户关注店铺，成为粉丝。图 9-2-22 为店铺直播间场景。

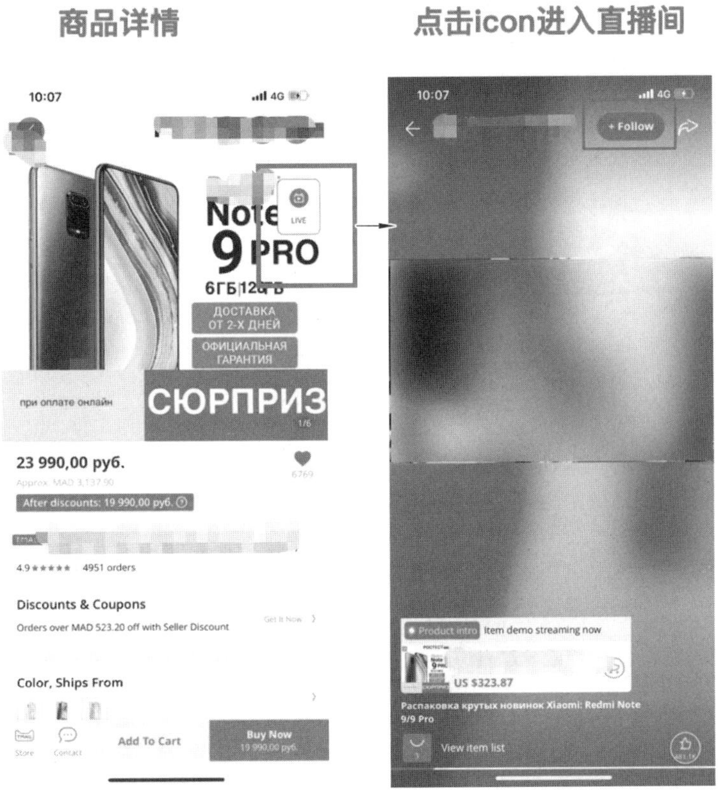

图 9-2-22　店铺直播间

6．店铺硬核要达标

（1）品牌定位准，树立品牌的形象和个性，在各个图片位、详情页透出品牌，整合传播渠道，更好地与消费者沟通（图 9-2-23）。

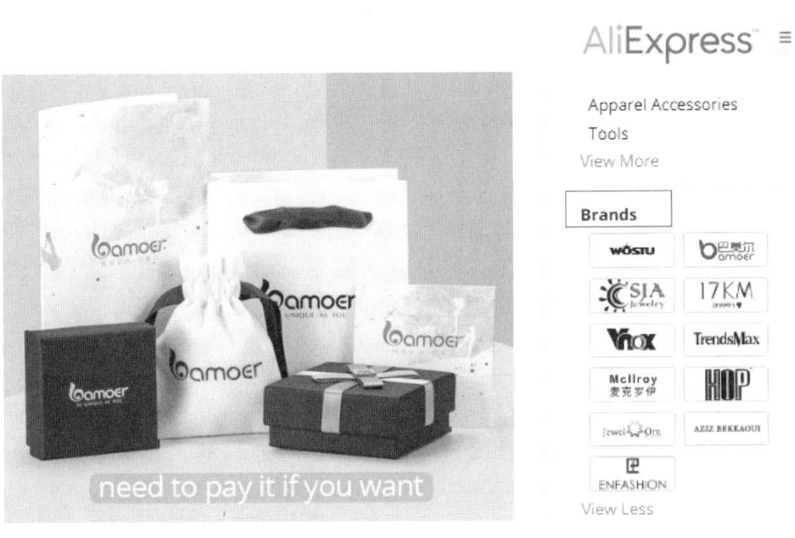

图 9-2-23　品牌包装

（2）物流包装产品的包装盒、快递袋、手提袋都可以打上 LOGO，处处展示品牌，增强消费者的品牌心智。图 9-2-24 是小礼品的包装。

图 9-2-24　小礼品包装

7．客服处理贯穿始终

在售前、售中、售后各个环节，客服态度要好，站在消费者的角度考虑，及时解决客户遇到的问题。一时不能给出方案时，需要给出明确的时间节点，做到亲切有度，让客户信任。

8．产品优势是基础

店铺有新奇特产品，店铺要有热卖款，能够以价格实惠的产品去吸引客户。

9．注重粉丝关系的维护

保持发帖的频率，定时上新发帖，及时更新帖子。

10．注重发帖质量

文案要简洁，有吸引力，图片的背景/大小/摆放一致，产品有热卖款和新品。发帖要与粉丝互动，调动粉丝积极性。评论要盖楼互动、游戏互动、免费收藏送礼等。设置粉丝专享价/优惠券等，优惠力度要大一点（图 9-2-25）。

11．建立站内外联动

要绑定社交账号，一键同步。要重视站外推广运营。如图 9-2-26 就是通过绑定社交账号、内容一键传播和内容一键转回等，实现站内外联动。

图 9-2-25　发帖

图 9-2-26　站内外联动

粉丝运营核心力储备如图 9-2-27 所示。

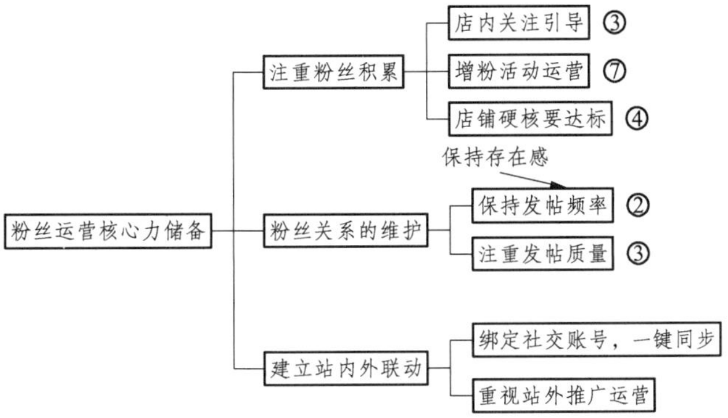

图 9-2-27　粉丝运营核心力储备

任务实施

活动 1：发布粉丝相应的帖子（每个类型的都发一个）。

活动 2：在速卖通后台报名与粉丝相关的活动（所有与粉丝运营相关的）。

活动 3：运用 AE 后台工具整理分类粉丝。

【学习笔记】

参考文献

[1] https://www.aliexpress.com/及其他有关速卖通相关内容网站，百度百科等.
[2] 速卖通大学编著. 跨境电商：阿里巴巴速卖通宝典. 北京：电子工业出版社.